乡村振兴与乡村建筑改造研究

韩　光　聂倩云　著

哈尔滨出版社

HARBIN PUBLISHING HOUSE

图书在版编目（CIP）数据

乡村振兴与乡村建筑改造研究 / 韩光，聂倩云著
. — 哈尔滨：哈尔滨出版社，2023.7
ISBN 978-7-5484-7385-5

Ⅰ.①乡… Ⅱ.①韩…②聂… Ⅲ.①农村—社会主
义建设—研究—中国②农村住宅—旧房改造—研究—中国
Ⅳ.① F320.3 ② TU241.4

中国国家版本馆 CIP 数据核字（2023）第 129857 号

书　　名：**乡村振兴与乡村建筑改造研究**
XIANGCUN ZHENXING YU XIANGCUN JIANZHU GAIZAO YANJIU

作　　者：韩　光　聂倩云　著
责任编辑：杨浥新
封面设计：皓　月

出版发行：哈尔滨出版社（Harbin Publishing House）
社　　址：哈尔滨市香坊区泰山路 82-9 号　　邮编：150090
经　　销：全国新华书店
印　　刷：廊坊市海涛印刷有限公司
网　　址：www.hrbcbs.com
E-mail：hrbcbs@yeah.net
编辑版权热线：（0451）87900271　87900272

开　　本：787mm×1092mm　　1/16　　印张：9.5　　字数：178 千字
版　　次：2023 年 7 月第 1 版
印　　次：2024 年 1 月第 1 次印刷
书　　号：ISBN 978-7-5484-7385-5
定　　价：58.00 元

凡购本社图书发现印装错误，请与本社印制部联系调换。
服务热线：（0451）87900279

目 录 >>>>>

第一章　乡村振兴的背景和契机 ……………………… 001

　　第一节　乡村振兴是历史的选择 ……………………… 001

　　第二节　乡村振兴是人民的选择 ……………………… 002

　　第三节　乡村振兴的难点和重点 ……………………… 004

第二章　乡村建筑的状况和特征 ……………………… 011

　　第一节　建筑风格各式各样，具有个人鲜明的特征 ………… 012

　　第二节　建筑技术比较原始，建筑结构不牢固，使用年限太久，
　　　　　　现有建筑问题较多 ………………………… 016

　　第三节　建筑没有规划性，缺乏对空间的有效使用 ………… 018

　　第四节　建筑使用率低，出现了很多空置建筑 …………… 019

　　第五节　盲目追求翻新，忽视了建筑自身的历史价值 ……… 020

第三章　乡村建筑改造的原则 ………………………… 022

　　第一节　进行实地考察，注意成本控制 …………………… 024

　　第二节　保留当地建筑特色，改造不能完全看不到以前的样子 …… 026

　　第三节　尊重当地文化，利用废旧材料 …………………… 027

　　第四节　提高建筑空间的使用率，实现功能更大化 ………… 028

　　第五节　整体规划和局部改造要相统一 …………………… 032

第四章　乡村振兴之建筑改造的形式 ………………… 034

　　第一节　商业用途建筑 …………………………………… 035

　　第二节　公共用途建筑 …………………………………… 036

　　第三节　改善居民环境和生活的建筑 …………………… 037

　　第四节　艺术创作类建筑 ………………………………… 038

第五节　基于乡村建筑变迁的思考 ·································· 056

第五章　乡村振兴之乡村建筑改造的意义 ················· 066

第一节　建筑改造的文化振兴作用 ·························· 066

第二节　建筑改造的产业振兴作用 ·························· 068

第三节　建筑改造的环境改善作用 ·························· 071

第六章　乡村改造的发展历程与设计实践研究 ············· 072

第一节　乡村振兴的概念及宏观环境 ······················ 072

第二节　乡村改造发展历程 ································· 078

第三节　国内外优秀乡村建筑改造设计案例分析 ············· 081

第四节　乡村传统建筑保护与改造原则 ····················· 088

第五节　乡村传统建筑改造存在的问题 ····················· 091

第七章　建筑改造设计理念与策略 ······················· 096

第一节　项目设计思考 ···································· 096

第二节　项目草案设计比较与分析 ·························· 110

第三节　项目总体设计与分析 ······························ 127

第八章　建筑改造设计总结与评价 ······················· 140

第一节　项目设计创新点与总结 ···························· 140

第二节　项目设计反思与展望 ······························ 141

参考文献 ··· 142

第一章　乡村振兴的背景和契机

第一节　乡村振兴是历史的选择

乡村振兴战略自 2017 年提出至今，各个地区深入实施乡村振兴战略，各项工作也有序推进，很多乡村已经取得了初步成效，这一项聚焦"三农"问题的战略，为我国的乡村带来了新的改变和新的生机。

历年我国对于乡村地区的发展十分重视，改革开放以来，农业现代化作为乡村发展的目标要求，除了要求生产发展之外，还要求改善农村居民生活条件，实现乡风文明、村容整洁、生活富裕。2018 年中共中央、国务院印发《乡村振兴战略规划（2018—2022 年）》，强调重塑乡村文化、丰富乡村生活、改善人居环境、带动特色产业，促进农业现代化，实现乡村地区的全面振兴。

回顾以往的国家政策，其实农村已经取得了不错的成果。党的十六大以来，国家坚持统筹城乡发展，实施了一系列强农、惠农、富农的政策，农业、农村发展取得了举世瞩目的巨大成就。全国粮食总产量持续提高，农业机械化水平提高，农民收入持续增长。农村生态文明建设和精神文明建设加强，农村社会稳定和谐，这些都为实施乡村振兴战略奠定了良好的基础。

但是在这样积极蓬勃发展的现状下，我们却看到一些发展趋势。随着改革开放政策的实施，中国有了不同于以往的发展模式，城市的建设也越来越好，在获得了极高的物质财富的情况下，很多原先在农村发展的青壮年看到了更广阔的未来，劳动力开始向城市转移。以往中国人依赖土地，如今城市的发展具有巨大的吸引力，吸引着大批年轻劳动力出走，留在乡村的只有老人和孩子。这在一定程度上，改变了乡村的劳动力结构，也遗留了很多问题。劳动力的出走，导致慢慢变成老人在耕种土地，但是年老的劳动力的确不能承载太多的土地，所以种地的人慢慢在变少，农业开始衰退，以往繁荣的乡村也慢慢变成了空巢村、留守儿童村，甚至是贫困村。

与此同时，我国城乡发展差距依然很大，各个城市发展不平衡、不充分，这在乡村也更为突出。乡村地区的人口流失问题依然严峻，这导致农业发展缓慢、农村环境恶化、农村基础建设落后等问题。农业是国民经济的基础，农村是承载农耕文化的载体，而农民是实现农业振兴和农村发展的推动者。"实施乡村振兴战略，深化农业供给侧结构性改革，构建现代农业产业体系、生产体系、经营体系，实现农村一二三产业深度融合发展，有利于推动农业从增产导向转向提质导向，增强我国农业创新力和竞争力，为建设现代化经济体系奠定坚实基础。"这是《乡村振兴战略规划（2018—2022年）》中提出的实施乡村振兴战略的重大意义。实施乡村振兴战略是符合中国国情和中国当前经济发展状况的战略，具有历史意义。

第二节　乡村振兴是人民的选择

思路决定出路，千百年演化来的乡村自有其运行机制。乡村振兴首先要尊重乡村演化规律，强化家园根脉意识、底盘意识、乡村风情风貌意识、农民主体意识、风物长宜放眼量意识、基础先行意识。

我国乡村地区有着丰富多样的习俗文化、建筑风貌以及自然资源，这些都为乡村的发展提供了良好的基础，带动不同的乡村发展出有地方特色的村落文化，实现乡村地区的全面振兴。

生态是生命的本源，乡土是人类的本色，乡村是人类永远的家园，千年的农耕文明是永恒的根脉。乡村既是生态家园，更是精神家园。中国一系列优秀传统文化和传统美德，都是根植于千年农耕文明的乡村土壤。因此，乡村振兴必须强化家园根脉意识，必须坚持"望得见山，看得见水，记得住乡愁"的理念，必须牢记"绿水青山就是金山银山"的理念，必须遵循"天人合一"的法则。

如今的中国城市化发展表现的特点是，相当一部分青壮年劳动力进城务工经商，然后期望实现举家搬迁到城市。当然这是最好的结果，而现在的实际情况是，青壮年劳动力凭借年富力强的优势，可以在城市获得劳动的机会，但是生活条件并不如意或者是流动性很大，工作并不稳定，因此后续接全家人进城、实现城市化并不容易。

从当前的实际情况来看，农民进城就业基本上是青壮年在城市打拼，孩子和父母在农村务农，这就造成了孩子和父母分离的情况，而且随着劳动力年纪越来越大，以往的工作也很难再适应，所以的确有一部分进城务工人员希望能回农村生活，形成了返乡的现象。另外，进城务工的农民在农忙时也会选择回乡，农村实际上是他们选择退路的地方，在城市的生活虽然可以获得经济利益，但是亲情和分离造成的问题也不容小觑，毕竟，农民一直是依附于土地，和家人紧密联系在一起的，所以，如今的乡村振兴也符合农民的要求。从情感上，农民希望能跟家人团聚在一起；从经济角度来看，乡村振兴的一系列政策可以满足农民的需求，实现致富生活。

当然，除去因为自身原因返乡的农民，还有很大一部分农村劳动力愿意去城市发展。一方面，城市的经济条件的确优于乡村；另一方面，如果打拼成功还是可以实现城市化的目标的。所以，乡村振兴不仅仅是为了年青一代农民，也为了那些不得不留守在农村的劳动力或者是年老一代。如果留在农村的父母一辈可以从农村获得收入，那么他们在农村的生活状况就会得到改善，那么进城务工的年轻人就可以较少承担对父母的赡养压力，在情感上，也不会有太多的焦虑和不安情绪。这样既支持了在城市奋斗的年轻人，又为他们保留了可以作为退路的土地。

乡村振兴也包括农村环境的改善。一方面，农村的自然环境虽然优于城市，但是一些基础设施的缺乏导致农民的生活水平不高，而且农村对于传统建筑的保护意识也没有那么强烈，所以乡村振兴的提出，可以有效地改善农村环境，为当地居民提供更好的居住环境；另一方面，修缮和保护传统建筑，塑造特色旅游，也可以为农民带来收入，让那些不能去城市发展的留守农民获得和城市一样的体面生活。实施乡村振兴战略，不仅要让更多的农民生活富足，更要为所有农民提供基本保障。

因此，乡村振兴，不仅仅是提高农民的经济利益，更重要的是改善农民的生活环境，展示乡村特有的文化资源和非物质文化遗产，传承文化，进一步实现美丽乡村的目标，推进社会主义新农村建设。

第三节　乡村振兴的难点和重点

一、乡村振兴的难点

关于推进乡村振兴战略的难点，相关学者经过深入研究分析，主要观点集中在以下几方面：

（1）乡村人才短缺的难题。魏后凯认为，乡村振兴关键难题是乡村人才短缺的难题。实施乡村振兴战略，急需一大批有文化、懂技术、会管理、善经营、爱农村的实用型人才，尤其是现代农业、农产品加工、公共服务、公共管理、新兴服务业等领域的技术和管理人才。朱启臻指出，新世纪以城市发展为中心的城镇化政策导向，像"抽水机"一般将人才抽送到城市，而城市人才下乡和返乡则有许多限制，城乡之间的不平衡发展直接导致乡村价值的失位。姜长云指出工农城乡发展失衡和"三农"发展不充分，导致了广聚天下人才、优化乡村人才引进和开发利用机制的难度迅速增加，导致人才支撑不足成为实施乡村振兴战略面临的瓶颈制约。因此创新乡村人力资本引进和开发利用机制，强化乡村振兴的人才支撑，成为实施乡村振兴战略的难点之一。

（2）建设资金不足的难题。魏后凯强调，目前我国农村基础设施和公共服务还严重滞后，远不能适应农民日益增长的美好生活需要。实施乡村振兴战略，从产业振兴、文化发展到人居环境改善，都需要投入大量的资金。而农村自我积累能力有限，投融资渠道不畅，资金有效供给严重不足。李创、吴国清基于农村商业银行实践的 SWOT 分析，得出农商行作为支农的关键力量，由于资本的趋利性，农商行更愿意将资本投放给高净值客户，精准扶贫积极度不高，脱农现象严重。姜长云认为"三农"发展中投入保障的不足加剧了乡村振兴中拓宽投融资渠道和强化投入保障机制的难度。要推进乡村从衰败向振兴的转变，必须突破投入上的"临界最小努力"。

（3）农民持续增收的难题。魏后凯说，农民增收越来越依靠工资性收入，尤其是外出打工的工资性收入，农业和财产性收入对农民增收的贡献较低。这种建立在农业农村之外的城市导向型农民增收模式是难以持续的，而且很容易导致农村的凋敝和衰败。刘合光认为，乡村振兴关键难题集中表现在：一是城乡之间，发展水平差距依然较大；二是"三农"内部，农业供给质量、综合效益和竞争力不高，农民增收后劲不足，农村自我发展能力较弱。李国祥认为随着现代化的不断推进，农业在国民经济中比重不断下降。我国第一产业在国民经济比重已经降到9%以下，未来还会进一步下降。加之农业机械化水平的提高和农业社会化服务的发展，导致直接从事农业生产的劳动力不断减少。乡村如何能够给农民带来增收渠道成为乡村振兴不可忽视的难点。

二、乡村振兴的重点

关于推进乡村振兴战略的重点，专家们根据中央提出的总要求，发表了不少的看法。

（1）推动产业振兴。陈文胜说，产业兴旺是乡村振兴战略的重中之重，所以推进产业发展要以品牌引领产业优化，以科技创新驱动产业提质，以城乡融合激发产业活力，以适度规模经营补齐产业短板，以园区建设促进产业集聚。魏后凯认为乡村振兴的核心和关键是产业振兴。产业兴旺，则经济兴旺。如果缺乏产业支撑，或者产业凋敝，乡村振兴将成为空中楼阁。加快振兴农村产业，首先要坚守耕地红线，严格划定和永久保护基本农田，确保国家粮食安全。其次，大力发展现代高效农业，全面推进农业现代化的进程。第三，充分挖掘和拓展农业的多维功能，促进农业产业链条的前后向延伸以及农业与二三产业融合发展，着力发展农产品精深加工和农村新兴服务业。周立、李彦岩等通过分析乡村衰落的形势，梳理乡村振兴的国际经验，指出实现乡村振兴的出路，关键在于走好产业融合发展的道路。李国祥提出产业兴旺是乡村振兴战略的重中之重，实现产业兴旺的同时要处理其与经济增长、城镇化、农产品供给保障和农民增收、农业现代化以及农村全面深化改革等之间的关系。

（2）优化人居环境。魏后凯指出，按照生态宜居的要求，全面改善农村人居环境，建设功能完备、服务配套、美丽宜居的新乡村，是实现乡村振兴的重要前提。李周认为，生态宜居的重点除村容整洁，村内水、电、路等基础设施的完善，免费义务教育、新农合、新农等基本公共服务的改善，还包括以敬畏自然、顺应自然、保护自然的生态文明理念，纠正单纯以人工生态系统替代自然生态系统的行为，保留乡土气息、保存乡村风貌、保护生态系统、治理环境污染、减轻生态压力，实现人与自然和谐共生，让乡村人居环境绿起来、美起来。袁金辉提出人居环境已经成为乡村振兴的重要障碍，必须发展绿色农业和绿色养殖，改善农民居住环境，使乡村环境走上制度化、规范化的道路。蒋和平指出，乡村振兴的重点就是要把各种项目落到实处。一是要改善农村基础条件，完善农村交通、水利、通信和生态环保等设施；二是提高农村公共服务水平，推动教育、医疗、文化、养老、社保等基本公共服务资源向农村倾斜；三是着眼于提高农村居民收入，深化农村配套改革。

（3）促进乡村文明。魏后凯强调振兴和繁荣乡村文化，促进乡村文明，是乡村振兴的重要根基。如果乡村文化衰败，不文明乱象滋生，即使一时产业旺盛，也难以获得持续的繁荣。李周的看法是乡风文明是乡村振兴不可忽视的内容，实现乡风文明就要形成"四风"，一是尊重他人利益蔚然成风；二是守约守法蔚然成风；三是守望相助蔚然成风；四是敬畏生态蔚然成风。高兴明认为保障农村孩子享有公平和有质量的教育、开展农村文化活动和医疗卫生资源下沉是事关农民切身利益的三个重要内容，也是振兴乡村的工作重点。于法稳指出实施乡村振兴战略是在推进融生产、生活、生态、文化等多要素于一体的系统工程，文化是乡村振兴战略的灵魂，在乡风文明建设过程中，必须强化农村原生态文化的建设与传承，避免把过多的现代化元素和城市元素引入农村。郭晓鸣提出，促进乡村文化繁荣兴盛，推进乡风文明新发展是实施乡村振兴战略的重要内容，必须协调处理立足本来和吸收外来、面向现代化和面向未来的关系，培育乡村文化自信，坚持在开放包容中提升自我，培育文化特质和核心竞争力。

三、推进乡村振兴战略的路径

（一）坚持精准扶贫，打赢脱贫攻坚战

姜列友认为，脱贫攻坚的成效直接决定实施乡村振兴战略的模式和质量，必须充分利用好现有扶贫贷款产品，补充完善好相关扶贫政策，探索建立好扶贫长效配套机制，做好脱贫攻坚与服务乡村振兴战略的有机衔接，加大对脱贫重点区域、重点领域的资金投放力度，加强定点扶贫与实验示范功能建设，不断深化扶贫领域多方合作，为服务乡村振兴工作保驾护航。王东宾提出，精准脱贫是乡村振兴战略的关键，因此必须将扶贫与扶志、扶智相结合，克服农民"等靠要"的思想，激发脱贫攻坚内生动力，同时通过产业参与、治理参与和社会参与，提升群众的经济性社会关联，增强贫困农民的获得感。徐一、杨建国则提出，脱贫攻坚关键在于科技扶贫，因此要秉承"实际、实用、实效"的原则，

通过推广一批实用技术，实施一批科技项目，开展一系列科技培训，用好一套科技远程教育系统等一系列措施，整合科技资源，以点带面，推动乡村振兴。宋圭武指出贫困会引发贫困者生产方式的异化、加剧贫困者对自然的索取及让贫困者缺乏价值感、幸福感等多种问题，因此实施乡村振兴必须坚决打赢脱贫攻坚战，一方面要通过加大技术投入和制度投入，努力提高贫困地区的边际劳动收益；另一方面要加强教育，改善不合理的生活方式。

（二）坚持城乡融合，探索城乡要素双向互动机制

陈文胜围绕乡村如何振兴的问题指出要将政府的主导作用与市场在城乡要素资源配置中的决定性作用相结合，强化乡村振兴制度性供给，探索以基础设施和公共服务为主要内容的城乡融合发展政策创新，构建推动城乡要素双向流动与平等交换的体制机制，破解城乡二元结构，确保农业农村的优先发展。李国祥认为乡村振兴战略的提出有利于"村镇化"与"城镇化"的双轮驱动，而建立健全城乡融合发展体制机制和政策体系将成为未来解决农村问题的必由之路。付翠莲以温州的城乡融合为例指出破解城乡二元壁垒，必须推动户籍制度、"三权分置"改革，打通城乡要素市场，使城乡间的土地、劳动力、资金形成对流促进城乡融合带动乡村振兴。党国英指出建立健全城乡融合发展体制机制和政策体系，要求我们改变旧认识，树立新观念，必须抛弃将农村视为两个"蓄水池"的陈旧思想，将农业竞争力提高战略纳入国民经济整体竞争力提高战略，让各项经济政策推动中国人口布局大调整，让现行农村政策在实施对象上转变，助力乡村振兴。郑风田认为随着经济发展，城乡之间的界限会逐渐淡化，形成城中有村、村中有城、城乡互补的局面，加强城乡融合，互相间取长补短，在公共服务方面做到"城乡等值"才能够更好地增强城乡互动，促进乡村振兴。

（三）坚持因地制宜，助推农业农村现代化发展

付翠莲指出要以市场为导向，结合"互联网＋农业""公司＋农户""公司＋合作社"等新模式提升农业技术水平，推进农业产业化、特色化发展，立足自身资源优势，发展以乡域经济和村域经济为基础的县域经济，扶持发展一村一品、一乡一业，推进适度规模经营，培育新型农业主体，实现农业现代化全面发展。唐任伍表示乡村振兴战略作为国家层面的大战略，必须因地制宜，做好规划，稳扎稳打，确保一张蓝图绘到底，明确乡村定位，推广"小组微生"模式，即"小规模聚居、组团式布局、微田园指向、生态化建设"。郭晓鸣、

张克俊等人以四川省为例指出四川作为全国的农业大省和农村人口大省，实施乡村振兴战略既有全国一般性特征，又有自身的特殊性道路选择。实施乡村振兴具有系统性、长期性、融合性、差异性的战略特性，应以深度贫困和衰退重点地区作为乡村振兴的重点区域，以村庄整治、建设生态宜居村庄为突破口，以推进城乡融合发展为根本路径，以激活要素作为乡村振兴的关键，以壮大乡村集体经济为重要抓手，才能因地制宜，实现四川的乡村振兴。

（四）坚持党的领导，完善基层党组织建设

加强党对农村工作的领导，是实施乡村振兴战略的根本保证。韩俊指出要发挥党的领导的政治优势，坚持以党的领导为核心统揽乡村振兴全局，完善党的农村工作领导体制机制，推进"五级书记"责任制，落实责任，强化考核，把农业农村优先发展原则体现在各个方面。杨尚勤、何予平、王茂林认为，实现乡村振兴，关键在党。必须建立中央统筹、省负总责、市县抓落实的工作机制。霍军亮、吴春梅认为农村基层党组织是党在农村全部工作的基础，是推进乡村振兴战略的核心力量和重要抓手，要以组织力建设为根本遵循，以领导力建设为核心原则，以发展力建设为基本思路，以覆盖力建设为基本前提，以群众力建设为基本路径，推进农村基层党组织建设。徐俊忠指出要坚持党的领导地位，坚持农民的主体地位，多方助力，壮大集体经济，实现乡村振兴。张军认为乡村振兴过程中要坚持党的一元化领导，发挥党在基层引领发展的核心作用，同时也要以村民自治为基础，尊重自治组织的地位和作用，培育和壮大自治组织，充分发挥自治组织在社区建设和实行自治组织成员自律上的优势，正确处理基层党和政府组织、非政府组织与乡村自治组织之间在乡村治理上的关系，提高乡村政治建设和治理能力。

（五）坚持农村改革，提升农村发展内生动力

杜伟、黄敏认为，目前国家关于征地制度的制度安排已较为完善，乡村振兴战略背景下的农村土地制度改革必须进一步巩固。完善农村承包地"三权分置"制度，激发农村集体建设用地入市改革内生动力、拓展农村宅基地制度改革。韩俊认为深入推进农业供给侧结构性改革是实施乡村振兴战略中的一项重要工作，实施"藏粮于地、藏粮于技"战略，保障口粮安全和食物安全，同样需要以完善产权制度和要素市场化配置为重点，进一步深化农村改革。张红宇认为实施乡村振兴战略需继续深化农村土地制度改革，发展多种形式适度规模经营，稳定土地承包关系并长久不变，加快推进农业经营制度改革和农村集体产权制

度改革。唐安来、翁贞林等人提出，深化农村改革是乡村振兴战略的动力源泉，调好农产品区域布局、调优农业产业结构、调绿农业生产方式、调顺绿色经营体系、调强人才支撑、调响农产品品牌、调深农村一二三产业融合、调实绿色生态农业发展保障措施，是推进农业供给侧结构性改革的必由之路。

四、乡村振兴战略的评述与思考

（一）乡村振兴战略研究的评述

（1）既有研究对乡村振兴战略内涵展开了全面的阐述。其一，是更加注重产业融合和产业发展的重要性；其二，是突出人与自然和谐共处生态文明建设的关键性，注重打造生态宜居；其三，是倡导乡村文明风尚，营造文明乡风；其四是强调要健全乡村治理新秩序，建设德治、法治、自治的乡村治理新体系；其五是满足农民的更高要求的获得感。就乡村振兴战略内涵的研究看已经比较全面，对深化乡村振兴战略内涵的研究具有重要的指导意义。

（2）既有研究全面剖析了乡村振兴的难点与重点。第一，剖析了难点。一是人才支撑不足是目前实施乡村振兴战略面临的重大难点问题之一；二是当前农村建设资金不足以满足农村平衡与充分发展的需要，不足以满足提供均等化公共服务的要求；三是保障农民实现持续性增收成为乡村振兴战略实施的重大难题。第二，突出了重点。一是乡村振兴的重中之重就在于推动一二三产业融合，推动产业提质增效，进而推动乡村振兴；二是在于建立适宜居住的新农村，保障农村公共服务资源配置；三是振兴和繁荣乡村文化，协调乡村文化与外来文化是实施乡村振兴战略的重要内容。

（3）既有研究明确了乡村振兴战略的实现途径。首先，在政策上精准施策，将脱贫攻坚与乡村振兴战略有机衔接，打赢脱贫攻坚战，提高农民的边际劳动收益率，增加农民财政性收入，增强乡村农民的获得感。其次，破解城乡二元结构，推动"村镇化"与"城镇化"，打破城乡要素流动壁垒，促进城乡要素双向流动，基础设施与公共服务均等化，以城乡融合带动乡村振兴战略实施。再次，因地制宜发展，结合乡村战略特性、资源优势，明确乡村定位，选择切合实际的任务、路径和措施。第四，要加强党的领导，党在乡村振兴战略中始终起着把控全局、引领方向的重要作用，这是乡村治理工作高效有序的必要前提。第五，深化农村土地制度改革，进一步推进农业供给侧结构性改革，优化农村经济结构与产业结构，激活农村经济发展内生动力。

应该说，上述乡村振兴战略的研究已涉及各个层面，形成了一个较为完善的理论框架，为进一步深入研究乡村振兴理论奠定了基础，具有十分重要的学术价值，当然还存在不足。一是对乡村振兴战略概念的表述缺乏"独特性"，对乡村振兴战略内涵的分析以解读"二十字方针"为主还缺乏深度；二是对乡村振兴战略实现途径的研究绝大部分着眼于国家层面、宏观政策方面，而对区域层面、微观对策方面的研究比较少，这样在指导推进我国乡村振兴战略实践上存在不足，需要继续进行深入的研究。

（二）推进乡村振兴战略研究的思考

（1）实施乡村振兴战略，引进并留住农业人才是基础。一方面需要增加对农村的技术生产要素的投入，促进当地产业发展，留住本地劳动力与吸引劳动力回流，积极培育本地新型职业农民；另一方面需要充分发挥政策的引导作用，释放政策红利，搭建良性的市场竞争平台，吸引城市人才向农村流动。

（2）把握各地乡村发展的特殊性，构建相适应的发展模式。根据乡村发展的差异性与特殊性，以"特"增效，以"特"制胜具有重要意义。一是对于有要素优势的地区，借助产业渗透、产业交叉和产业重组的方式，引导资金、人才、土地等各种资源要素融入农业生产中，构建与本地发展相适应的三产业融合的现代产业体系。二是对于不适合规模化生产的地区，做好大小搭配，有机联结，以新型经营主体为联结点，将"小农户"与"大市场"之间利益紧密联结，推进农业发展的"组织化、集约化、规模化、标准化"进程。

（3）培育壮大龙头企业，助力乡村产业发展。乡村振兴关键在于激发乡村产业发展的内生动力，重点是通过引导龙头企业建立现代化的企业制度，打造大型农业企业集团，继而形成一整套完整的产业链，逐步进驻中高端产品市场，促进乡村优势产业发展；同时，引导龙头企业与当地的品牌相结合，创造一批品质优良、质量安全、特色鲜明的当地区域品牌，形成品牌提升与产业发展相辅相成的格局。

（4）建立完善综合评价体系，综合评估乡村振兴战略实施效果。首先，建立一套乡村振兴战略综合评价体系。按照"产业兴旺、生态宜居、乡风文明、治理有效、生活富裕"五大目标和"新型工业化、信息化、城镇化、农业现代化"建立综合评价指标，并制定综合评价办法。其次，依据指标体系建立一套绩效评价、政绩考核体系，对乡村振兴战略实施过程中的重点领域以及乡村振兴战略的全过程实施定期监测评估，提升乡村振兴战略的实施效果。

第二章　乡村建筑的状况和特征

首先，中国有 8 亿农民集居在农村，全国现有集镇 4 万多个，村庄 360 多万个。在党的改革政策指导下，农村经济发展迅速，近年来新建的农村住宅已达 49 亿平方米（为城市的 6 倍以上），加上公共设施和生产性建筑，共 60 亿平方米。随着农村进一步向专业化、商品化发展，越来越多的农民将从土地上分离出来，就地就近转向第二、第三产业，这对农村环境的变化将产生巨大影响。

其次，中国幅员辽阔，不同地区的自然环境有很大差别，由此也极大地影响了各地的乡村布局与建筑风格。比起城市，乡村对自然环境有更大的依赖性，关系更为密切，某些环境因素对当今的乡村建设仍有相当的制约作用，应该加以研究总结。

第三，中国文化历史悠久，历数百年乃至数千年保存下来的名胜古迹和古建筑，也是一种环境存在。它们大部分在乡村或其附近，尤其是有的古镇旧街、古桥、民居等迄今还保持着悠久的历史风貌。它们对保存我国的历史传统、人文风貌、民间建筑艺术和技术等都极有价值，它们又同四周自然环境和乡土风情结合得极为密切，在建设乡村中应予以高度重视。

第四，中国是一个多民族的国家，许多少数民族地区的住房和村落，各具特色，形成丰富多彩的生活和风俗环境，这些乡村环境也正在发生着新的变化。

第五，中国各地的乡村，因其经济基础的不同，富庶地区和贫困地区的经济水平悬殊，是形成不同的建筑环境的一个重要因素。如何开发和区别对待，也是一个需要研究的问题。

第一节 建筑风格各式各样，具有个人鲜明的特征

人类为了生存，自古以来，从依托自然环境，适应自然环境，到利用自然条件，改造自然环境，经历了漫长的岁月。

中华民族的发祥地之所以在黄河流域，绝不是偶然的，其先决条件是这里的自然环境好。如在西安附近的半坡遗址，据考证是6000年前的一处氏族公社聚落遗址，当时黄河流域中部气候比现在温和，沿岸竹木丛生，土地肥沃，先民因而在此聚居。同样，中国南方的余姚河姆渡遗址，距今7000多年，先民也是选择在水源地带，沿河架木筑房，临水集居，种稻打鱼，形成原始的鱼米之乡。

当然，在中国广大的土地上，高原和山区，平地和草原，都有众多的村落，甚至在严寒、酷热的地方也有人居住。

这些不同的地理条件，对乡村的平面布局、空间结构、轮廓大小和延伸方向，产生了各不相同的效果。

在江南水乡，村落的布局，多是"村不离水"，建筑群随河灵活布置。由于水网的分隔，村落的分布比较零散，但村落之间距离很近。

在平原上的乡村往往比较规整，建筑物聚集在一起，形成方形的居多，也有沿着道路伸展。这种布局集中、紧凑、联系方便。

在高原和山区的乡村，一般为依山建房，顺坡修路，建筑物分成层次，高低错落，外观生动多姿。

从不同的气候影响来看：

北方地区因气候寒冷、干燥，建筑物十分重视防寒保暖的要求。房屋朝向多为南或东南向。院落比较封闭，多采取四合院或三合院，可以防寒、防风沙。

南方地区气候炎热、潮湿，建筑物轻盈疏透，院内多设小天井，屋檐外挑防雨，外墙刷成白色以减少辐射热。

西南地区有些地方潮湿多雨，当地的少数民族采用竹楼、吊脚楼或干栏式建筑，下部架空，上部住人，既可避隔地面潮气，又可获得好的通风、采光和日照。西北黄土高原地带，雨量少，空气干燥，有丰厚的黏土层，因此生土建筑比较

发达，如窑洞、夯土和土坯等建筑。

青藏高原，因山地多起伏，一天中气候变化大。当地多沿山筑碉楼或外土内木的民居。

新疆雨量较少，多用土坯或夯土筑房，屋顶用作平台。

内蒙古等地牧区草原上，用毡毯或牛皮搭成蒙古包或帐篷，以御风雪和便于移迁。

一、社会环境

各个民族和不同地区，有不同的传统习俗和意识形态，包括伦理关系和宗教信仰等，当然也受到新的风气和潮流的影响。这些往往反映在他们的建筑上。

比如汉族，在长期封建宗法制的影响下，以大家庭为核心与聚族而居形成一个或几个姓氏的村落，尤其是其中一些老镇，还有代表宗法传统的祠堂、土地庙、忠孝牌坊和大量民居宅第，以及为防卫外来入侵的栅门堡楼和屏障等，成为当地乡村的主要标志。在新的社会条件下，这些建筑不少已成学校、仓库、养老院等公共用房。大部乡村目前还以村、镇政府为中心，新建了办公楼、合作社、医院、文化站、商店、招待所等。比较富裕的乡村扩建或新建了大街，出现了新面貌。

在新疆等地区，清真寺和巴扎（市场）一般为市镇的中心，用土坯和土拱建起整齐清洁的住房，构成富有伊斯兰和当地生活气息的独特风貌。

西南地区，一些少数民族也各具特色。如侗族村寨都建有塔形鼓楼，飞檐重叠，有的达十多层。寨子前后设门，以石铺的干道相连，中间有几十米见方的鼓楼坪，河上建有风雨桥。这些既是村寨的突出标识，也是乡民公共活动的中心。

当然，随着社会环境条件的改变，这些村镇也都在不同程度地变化和发展着。

二、公共环境

乡村的公共环境，主要包括风、水、能源、交通和通信等方面的条件。它们与乡镇的发展关系密切。

我国传统的"风水"，用现代环境科学来解释，"风"是指所处风向和空气的环境,"水"是指水源、水位和水文。风力、水力发电又是乡村现代化的能源,它们不但为乡镇企业和农业现代生产所需,也是农民家庭生活电气化逐步发展的需要。交通条件包括公路、水路、铁路等。通信包括邮电、信息来源等方面的条件。

上述的公共环境,直接关系着乡村商品经济的发展,特别是交通条件关系最为重大。以苏州地区的周庄、冉直等古镇为例,过去因处于江南水网的航运要道,从明清以来,是商品交换和手工业发达的繁荣集镇。但近几十年来,铁路和公路的运输兴起后,水运有所衰退,古镇随着衰落。为此,当地正在致力于修路建桥,积极改善水运条件,开发水路交通和旅游路线,以促使古镇恢复活力。

就全国范围讲,目前大部分农村的公共环境的条件均亟待改善,特别是偏僻地区交通不便,缺水缺能源等,影响经济的发展。近几年来不少地区兴建大量民房、工厂和公共建筑,而水、电、通信等方面的缺口显得更为突出。

三、历史和人文环境

中华民族几千年来所开发和积累起来丰富多彩的历史和人文环境是我国巨大的财富。

古人类住所和原始聚落的遗址,古城、古道和古墓,长期屹立着的古城墙、烽火台、塔庙、佛殿,以及尚在使用的古渠、古堤、古桥、古井、古运河、园林,仍然有人居住的明清民居等,有相当一部分是散落在乡镇和广大的乡村里。

不同的历史和人文环境,形成不同的建筑风格和地方特色。从建筑的外形,到乡村的格局,从建筑标识物(如幡旗、蚂蚁堆、路标、寨门、楼塔、牌楼等)到色彩和纹饰,各民族都各有特色。不同的乡土风貌,包含着不同的历史经历、人文背景和内涵因素。有人说建筑是一种综合性的文化形态,那么一个村庄或乡镇,则是人类社会最基层、最普遍又各有其特点的综合生活形态。

乡村的形成,受周围环境的影响和制约,同时,乡村的建设和发展,也在不断改变乡村的环境。它们相互促进,有时又存在矛盾。在今后的农村建设中,需要认真研究和解决好它们之间的关系和矛盾。

乡村建筑具有悠久的历史,大部分都是当地居民自己主持建设的工程,很少有统一规划,因此作为自住功能的建筑,或者是有鲜明功能的公共建筑,如乡村的办公区、乡村的学校、乡村的医院等，更多体现的是建造者的个人主观意识，对于建筑风格和建筑类型的把握不多，使乡村建筑的风格和形式呈现多种多样的状态，具有主人个性特征。基本上就是主人要求什么样式，那么建造者就打造成什么样式，不太考虑其他因素。

但是具有历史文化价值的乡村建筑在一定程度上也体现了当地的特色，例如，当地特有的建筑材料和建筑手法，虽然具有个人特征，但是整体而言，还是能找到地区特征，例如，具有明显北京特征的四合院，虽然每一间房子都各具特色，但是这种建筑形式却是统一的。

传统的乡村建筑大致有三类：乡村生活居住类、乡村生产类、乡村公共空间类。

（一）乡村生产类建筑

乡村生产类建筑主要指农村个体和集体劳动者从事农、工、副业生产活动的场所。按其生产特点可分为两类：一类是为发展现代化农、牧、渔业生产而建立的各种厂房设施，主要有育种厂房、温室、塑料棚、畜禽舍、养殖场、种子库、粮库、果蔬贮藏库、农副产品加工厂、农机具修配厂等生产性建筑；另一类是为城市工、商、外贸等服务的加工厂，主要包括机具修配厂、手工业工厂、城市某些工业的加工厂和轻工业工厂以及建筑材料厂等。

（二）乡村生活居住类建筑

乡村生活居住类建筑即农村居民组织家庭生活和从事家庭副业生产的场所。它的形式和内容，一方面随自然条件、建设材料、经济水平和风俗习惯等的不同而千差万别；另一方面又因农村居民生产、生活基本要求的一致性而具有共同的特点。一般而言，中国农村住宅的功能要适应家庭生活和进行农副业生产的双重需要。除生活用房卧室、堂屋（家庭共同活动的房间）、厨房、贮藏间和卫生间等外，还应包括生产房间和辅助设施——饲养间、工副业加工间、仓库、暖房、能源和取水装置等。在不同民族居住和从事不同专业生产的地区，对住宅的辅助设施常有不同的要求。

（三）乡村公共空间类建筑

公共建筑的项目、规模和内容常根据农村居民的性质和分级标准加以配套，并且随生产的发展和群众文化生活水平的提高而不断完善。因此，它的建设水平在一定程度上反映了农村建筑的现代化程度。乡村公共空间类建筑，一般具有综合性、多功能性、基地性特点。

第二节　建筑技术比较原始，建筑结构不牢固，使用年限太久，现有建筑问题较多

历史越悠久的建筑，使用的材料越原始、越简单。尤其是乡村建筑并没有城市建筑更新得那么快，很多建筑几乎是使用了几十年，甚至是上百年，使用的材料大部分是木材或者是石材、砖瓦等。

木结构的建筑拥有自身独特的美观，但是，当木结构的建筑面临火灾时，就会失去抵抗力。而且，使用年限比较久的建筑，对于防水、防潮的设计都比较少，在经常有雨水的地区，对建筑的损害会更大。而乡村是容易发生自然灾害的地方，老旧的建筑对于这种自然灾害的防御能力也越来越弱。

现存乡村建筑由于不同建筑构件的耐候性不同，其生命周期也不同。瓦面等细部构件损害率最大，石墙相对耐久，木材适中。此外乡村建筑受损也受到其他因素的影响。所以现存常见乡村建筑可概括为以下两类，即保留较为完整与保留非完整建筑（图 2-1）。

第一类建筑，四大体系保留较好，屋顶有小规模的破损，结构体系有不同程度的轻度破坏，建筑基础与墙体维护体系尚存。此类建筑因主体保留较好，可以采用"留"的方式，不用做太大规模的改造。但在乡村新业态旅游背景下，普通农宅改造为其他性质用房如餐饮酒店、民宿客栈、图书馆等，还需满足其他功能要求，所以要对建筑平面或其他方面进行调整或重新设计；另外为了满足现代人居环境需求，如采光、通风、取暖、制冷，还要对建筑内部进行不同程度的改动，使建筑达到现代人居生活的舒适性。大地乡居张泉原建筑保存较好，为了延续传统建筑，采用了整体保留、局部修缮、内部装饰装修的策略。（图2-2）

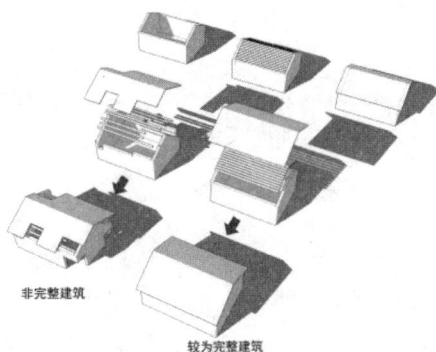

非完整建筑

较为完整建筑

图 2-1　两种建筑类型

图 2-2　大地乡居张泉

　　第二类建筑，其屋顶和梁柱结构体系均已损毁，甚至仅剩残余。此类建筑为了满足旅游新业态功能需求，往往改动较大，故新建部分大于保留部分。在一些破损严重房屋中，老旧墙柱失去了原有的结构功能。设计师根据建筑价值，保留下有价值的建筑构件，利用其他设计策略与方法进行改造，新旧结合，使建筑既满足了现代人的功能需求，又体现了古朴的乡土建筑底蕴，兼顾了现代居住的舒适度和传统文脉的延续性。云夕戴家山建筑改造前保留较差，且价值较低，设计师给予更多的创意、新旧合并的改造策略，更能激活建筑活力。（图 2-3）

图 2-3　云夕戴家山

第三节　建筑没有规划性，缺乏对空间的有效使用

　　不同于城市建筑对于空间的利用，乡村建筑大部分要求的就是大，只要在允许的范围内修建自己的房子，那么对于房子的要求就是要大，对于其他的空间格局或者是功能分区要求不高，甚至是功能区混乱的现象比较多。

　　因为乡村每一家的宅基地面积都很大，所以对于建筑的要求就是越大越好，越大越能展现自家的实力。而且，有很多农具要放在室内，甚至是生产也要在室内完成，所以对于空间的使用观念比较传统，基本上就是按照自己的理解来使用，不会过多地考虑空间格局问题。

一、建筑整治要做到分类分级

　　对村落建筑分类分级改造修缮，提升村庄的整体形象与面貌。整治初期应对现有村庄建筑数量、质量、高度、风貌进行综合整理分析，系统化提出建筑整治综合方案，避免大拆大建。从拆除危房建筑、保留建筑修缮、新建建筑形态几个方面出发，统一整治建筑的色彩、材质、造型等内容。在建筑的构建元素上要运用当地的建筑风格，如窗棂、屋檐、山墙、墙基等，适当的地方元素装饰将有助于展示乡村的风貌特征，新建建筑与保留建筑之间要有风貌关联性，避免城市化的建筑风格和建筑手法，做到建筑与环境协调一致。

二、景观整治要突出乡土氛围

　　景观整治要突出乡土性和文化性，重点整治村口、活动广场、庭院环境、村庄卫生、村庄绿化、道路铺地、村容村貌等方面。村口景观是整个村庄的第一形象和文化展示窗口，应通过牌楼、大门、景观石、植被绿化、宣传牌等进一步强化村庄的主题风貌；村民活动广场是村庄文化、民风民俗、邻里交流的聚集地，是村民活动纳凉的最佳空间，应在广场上设置供村民游憩的亭廊座椅，同时在广场两侧增加村民活动宣传栏，展示村庄活动、健康知识、公共卫生、时政新闻等内容；村庄卫生要分类整治，合理设置垃圾箱、垃圾处理点及垃圾回收中心，定期给村民宣传垃圾分类的必要性，村委会设置管理监督小组，责

任到人，明确分工，彻底解决村庄脏乱差的问题。

三、道路整治要完善公共界面

对村庄主干道路与次干道路进行道路硬化，村庄步行小径要铺设鹅卵石或者毛石图案，扩宽道路两侧景观绿化，道路两侧增加公共服务设施，如路灯、座椅、垃圾箱、宣传牌、景观小品以及公共休憩空间，道路两侧种植具有乡土特色的植被花卉，行道树以遮阴的大乔木为主，乔、灌木搭配形成丰富的道路景观。整治道路两侧杂乱管线，避免破坏天际线景观。道路公共休闲空间应融入地方文化，以浮雕墙、雕塑小品、宣传牌的方式进行包装设计，休闲空间应设置满足村民游憩的休闲座椅和景观平台，完善乡村道路的功能性与层次性。

四、河道整治要增强滨水体验

对村庄内的河道、水库、水塘、湖泊进行系统的整治，从水体净化做起，对河道进行清淤改造。通过种植湿生植物、设置沉砂池、修筑拦水坝等方式，改善水质，提升防洪能力，满足亲水体验。在河道边设置三级滨水体验系统，岸堤设置滨水游憩栈道、骑行绿道和亲水木栈道，打造立体的滨水体验空间。滨水设置汀步、亲水平台、游船码头等设施。游船码头分类分级，一级码头以售票、咨询、商业、集散为主；二级码头以服务、休憩、商业为主。利用水资源开发游船体验、垂钓休闲、亲水游憩等水上旅游产品，丰富村民与游客的滨水体验。

第四节　建筑使用率低，出现了很多空置建筑

随着城市化进程的发展，越来越多的年轻人投身于城市建设中，很多乡村建筑中只有老年人和留守儿童在生活，他们自然不会使用过多的建筑，那么很多当地民居和建筑就自然而然地变成了空置建筑。很多建筑因为年久失修，形成了破败的景象。

农村人居环境中，公共空间的范围比较广，尤其是在生活环境这一领域。例如围墙建筑设计与改造，会给人留下最直接且深刻的印象。在乡村振兴战略

下，为了推动乡村旅游业，需要加强公共空间的改造与设计，创新临街围墙形式。结合农村生活环境的实际情况，笔者建议在建筑设计环节统一整理比较杂乱的老旧、已经破坏的围墙，及时将其拆除之后再规划设计，使农村房屋住宅杂乱的问题得到解决。临街围墙改造素材可以以红砖为主，搭配周围道路的基础设施，如排水系统、植物绿化带和路灯等，体现出当地的乡村建筑特色。道路设计要将自然环境、周围建筑物形式等融入其中，院墙部分的设计可以采用排列组合砌筑的方法，十分简洁又可以强调乡村建筑的特色，通过与周围环境的融合，也可以体现出当地村民艺术追求与审美。另外，农村人居环境的改善与提升，除了临街围墙之外，道路、公共卫生站与生活排水设施等都非常重要，围墙围合院落、道路中间一般会留有过渡，可以在这一部分设计公共休息区，为当地村民与游客提供舒适的服务，通过农村人居环境的改善提高村民生活质量。

还有一种空置建筑是当地居民盲目扩大自己的住宅造成的。在乡村，先富起来的家庭会将资金投入到建造房子上，以彰显自己的财力。而别人看到后也会纷纷效仿，甚至还有举债建新房的现象，这种攀比的观念也造成了大量空置建筑的出现。

第五节　盲目追求翻新，忽视了建筑自身的历史价值

如今，乡村生活已经越来越好，很多村子开始积极修复一些历史文物和历史建筑。但是由于对历史文物的了解不多，再加上出于节省成本的考虑，因此并没有按照有关部门的要求，也没有聘请专业的修复机构，而是按照自己的理解盲目修复和翻新建筑。

再有，只追求新，只要是旧建筑都完全拆除，变成新的建筑，没有考虑到建筑的文化价值，只是要求建筑越新越好，很多具有历史价值的建筑被拆除，很多代表当地特色的建筑材料被遗弃，使乡村失去了原来的面貌。

乡村建筑改造过程中要注意保留乡村多年来沉淀的人文环境、乡村精神、建筑语言、价值观念和生产生活方式，发挥旧建筑新的功能和活力，让乡村的

文化渗透到建筑中去，还原乡村原有的肌理面貌。

　　建筑改造的出发点要从尊重现状开始，尊重现有的建筑形式、建筑材料，尊重在这个建筑中生活过的人，尊重这个建筑存在的空间和存在的时间，要怀着敬畏去做乡村建设，一旦疏忽，原有的乡村将面目全非，所以乡建工作一定要谨慎。

　　传统改造要坚持修旧如旧，就地重建，对老建筑进行望闻问切，从解决问题出发，发现老建筑需要动刀的位置，保留哪些？拆除哪些？扩大哪些？改造哪些？搞清楚后再做决定，当然，一切的改造以空间功能为导向，在解决空间功能问题后通过修旧如旧的方式去进行建筑立面的改造，以淳朴的、乡土的材料和手法去进行新与旧的嫁接，满足使用者的需求、与周边环境协调、回归原真乡村田园生活状态是最终的目的。

　　需要深度改造或者创新重组的建筑要用艺术家的手和思维去改造，要对整体的建筑肌理、建筑语言、建筑空间、建筑动线、建筑风貌进行全面剖析，将原有的乡村建筑元素以现代的建筑语言和手法表现出来，得到的效果类似混搭带来的化学反应，在时尚中又有古朴的感觉，在古朴中又有现代建筑的影子，这样的建筑空间、采光、园林、景观、格局都有了新的生机，仿佛山水画中的诗意田园，每一处都透露出思考过的精细，透露出生活的美学和哲学。

第三章 乡村建筑改造的原则

受人口"空心化"的影响，乡村存在大量可以再利用的旧建筑，为乡村建设提供新的契机。同时，在国家大力提倡美丽乡村建设的前提下，越来越多的建筑师趋之若鹜地进入乡村，对乡村建筑进行改造，实现乡村建筑的再利用，以满足乡村现代生活方式的需求。实际上乡村建筑改造的问题不是简单的功能置换问题，而是包括建筑环境再生、建筑空间再生、建筑材料再生、建筑结构再生等各个方面的综合改造。美丽乡村概念提出后，国内乡村建设领域有关乡村建筑改造的研究逐年增加。

新业态下的乡村闲置农宅改造设计，打破传统的农村建筑模式，以"旅游—观赏—学识"作为农村产业经济发展的出发点，现代乡村旅游强调城市居民与农村生活的衔接，形成"可览、可游、可居"生态乡村环境。在乡村建筑改造中应充分以原有乡土建筑、农具作物等来进行乡村建筑景观营造，乡村内的建筑小品设计应重点体现原味、朴实的田园气息；建筑改造设计应体现"以人为本"的理念，要与乡村传统的生产生活需要相结合。根据不同的地理位置、使用功能进行合理安排，使游客在乡村旅游体验中领略到乡土建筑文化及乡土民情的神奇魅力。

乡村闲置农宅改造设计，必须扎根于该地区的地域文化特色，保证统一的乡村风貌、农业生产、民俗风情等资源独特性，使其在乡村旅游产业中充分发挥乡土建筑文化的多样性、独特性、丰富性。乡村建筑改造设计在具体规划设计中应坚持以下原则和理念，保护乡村肌理原则，延续乡村文化，发扬乡土建筑文化，促进乡村经济发展理念。

1. 在党的全面发展农村经济的方针下，随着农村的经济布局和农业产业结构的调整，多种经营和乡镇企业将会继续积极发展，部分农业人口将向非农业人口转移，乡镇作为农村经济活动的核心、信息的中心、物质文明和精神文明的通道，将进行适度的建设。据建设部门的资料，在我国 4 万多个集镇和 360 多万个村庄中，已分别有 96.6% 和 75.4% 完成了规划设计。按这些规划进行建设，势必要解决大量的资金、资源和用材问题。目前在乡镇建设中，已有许多乡村出现耕地大量减少、用地紧张、水源不足、能源困难、三材缺乏等问题。这些显然难以在短期内得到普遍解决。有些富裕起来的乡村有条件进行建设时，它们有限的财力、物力应该怎样使用才算用到点子上呢？

农村建设应当同样吸取城市建设战线过长的教训，坚持量力而行、分步建设、就地取材、因地制宜的方针，尤其是重视基础设施，改善交通条件，综合开发乡间的能源（包括风力、水力、太阳能及利用沼气等）和改善乡村的饮水和排水系统等。对于这些根本性的基础建设问题，不少乡镇尚未认识到其重要性，甚至置之不顾，而在照抄大城市的外形模式，如开筑十分广阔的马路和广场，不根据实际需要，人为地将小街小巷拉直放宽，拆除老房，而建起高楼大厦，追求洋化，风行"一条街"，热衷于搞表面气派。对于公共建筑和住房建设，面积往往过大，不讲究效益，实际使用率很低。这样，既浪费、不实用，又丢掉了当地原来优美的风貌特色。

此外，尽管农村总的形势有了较快发展，但各地并不平衡。富裕起来的农民、村镇，仅是一小部分，有相当一部分的地区还未完全摆脱贫困的境地，亟待开发和发挥致富的门路。乡村的建设必须依靠经济的繁荣和发展，为此在建设上也必须把有利于开发经济的环境建设放在首位，如积极改善交通条件、开发能源、修建必要的基础设施等，以利于发展乡镇企业和发展商品经济。

综上所述，在广大乡村建设积极发展的新形势下，如何使经济建设、乡镇建设和环境建设有机结合，进行总体考虑，同步进行，需要建筑界和有关方面总结已有的经验教训，展开研究和讨论，把它作为一个重要的课题，以理论和实践经验对农村建设进行实际有效的指导。

2. 城市环境的污染，已成为众所周知和普遍关切的问题。随着乡镇企业的发展，由于在布局上考虑不周，工业污染问题在不少农村中也出现了。尤其是有些城市将有严重污染的工厂或车间搬到乡村，使乡村的空气、土地和水源遭受到严重的污染。如听之任之，不采取果断有力的措施，后果不堪设想。此外，一些旅游的"污染"也蔓延到山寨野村，影响到一些风景名胜和历史文物古迹。有些农村滥伐树木，任意挖土占地，破坏自然环境，造成了严重的生态失衡。

为此，对农村的环境保护，也要制定必要的管理条例，切实实行。在经济上要采取某些必要的措施，如：征收土地的使用费，对有害的污染规定必须做出整治的处理，和对乡镇企业的布局加以调整等。要在广大农村中开展保护好乡村环境，防止水土流失、耕地减少和防治环境污染的宣传教育，发动群众在荒山荒地上种草植树，保护好水源，改善生态循环，使广大农民都懂得保护好乡村环境的重要性。

3. 乡村建设首先要做好规划，这已开始受到重视，但是对于保存各具特色的建筑风格、和周围的景物相协调的环境设计，还没有受到应有的重视。

值得注意的是，现在在建筑上有一种趋向，就是乡村向城市学，小城市向大城市学，大城市则向外国学。有些重游北京的外国人，对"北京越来越不像北京，而像一个西方的城市"感到惋惜，这些议论虽不够全面，却值得我们注意。现在北方一些先富起来的乡村，原有的黑瓦灰墙、具有朴实和浑厚乡土美的民居，往往为不中不西的"洋楼"和不讲任何造型、单调而呆板的工棚式房子所替代。在南方，也有不少由小桥流水和黛瓦白墙的民居所构成的秀丽水乡景色，遭到了令人痛惜的破坏。

建筑造型既应丰富多彩，又要有与周围景色协调一致的风格，以构成一个地区建筑环境的整体美。它是由悠久历史形成的宝贵遗产，是当地人民改造自然的智慧结晶。建筑同其他领域的艺术一样，越有民族的和地方的个性，也就越具有普遍的价值，越能得到国内外人们的赞赏和推崇。在这一点上，水平高、外形美的现代化建筑及保存发扬优秀的民族和地方风格，应该具有一致性，不应孤立地去追求前者，而去排斥后者。这是在乡村环境建设中需要加以澄清的问题。

为了发扬和保存乡村优良的、具有民族和地方特色的建筑风格，城市的示范有着重要的作用。要有部门去负责研究，对当地一定地区的建筑物的外形提出某些要求，并进行管理和审批。同时，也要根据当地的特色，有意识地在乡村倡导某些示范性的建筑。

第一节　进行实地考察，注意成本控制

在民居改造的过程中，第一步要进行实地考察，分析当地地形和民居现状以及住房的结构构造。根据村庄现有建筑风貌特征、建筑质量和美丽乡村建设重点，将村庄内部建筑改造划分为重点区域建筑和其他区域建筑。重点区域建筑主要包括村庄主要街道两侧建筑和村委会、村庄重要节点周围建筑以及村庄公共建筑；其他区域建筑也就是村庄内除重点区域建筑以外的建筑。拆除破旧建筑，收购或租赁无人居住的废弃破旧宅院，改建为村民活动场地或者村庄绿化节点、公共停车场地等。结合村庄民居建筑文化传统，围绕屋顶、围墙、墙体、门窗、门楼、院落六元素，挖掘和打造具有当地民族文化特色的美丽乡村。

我国大多村落属于自然形成，村落缺乏总体规划，村落人口的流动造成了村落的缓慢生长或衰落。然而，也正是多年以来自然形成的乡土环境村落空间，与城市空间有着很大的不同，这种反差也常常是发展乡村旅游的必要和有利因素。如安徽黟县的西递村、大理丽江古镇，以其优美的乡土环境和极具特色的村落空间吸引着大量的游客来访，成为国内外游客关注度最高的村落之一。

乡村景观并非"设计"出来的，也并非天然形成的；"设计"难免会经过设计师的手笔，带有先入为主的个人思想，看似完美，却难免矫揉造作。乡村景观的形成是"劳作"出来的，是"面朝黄土背朝天"的农民使用他们所能获得的知识和技能，在最低能耗下去满足生产、生活和居住的需要，这与城市规划设计手法有着本质的区别，在进行城市规划设计时，设计者往往根据固定的设计方法，如轴线、对称、阵列追求平面上的视觉体验，再加上全球化的建筑材料的运用，使设计成品更趋于雷同。乡村建筑景观尽管某些局部的景观或许带有使用者的主观意愿，但最终形成的整体是一种"集体无意识"的形态，也便是乡村风景的核心价值。因此，传统乡村景观的形成具有自发性。

乡村建筑改造受当地的综合条件影响，因此，乡村建筑改造的理念就是依托当地背景，遵循整体风貌，保护生态环境。新业态下的乡村闲置农宅改造的重要理念之一就是保证乡村传统文化，满足现代人居环境生活，处理好人与自然之间的关系，让乡村看得见山，望得见水，回忆起乡愁。

首先，设计师和建筑师在改造之前，都会对建筑本身进行实地的考察和走访，这对于后期的改造工作有很大的帮助。除了对建筑本身进行了解，还要对当地文化习俗以及当地居民的生活进行考察，因为最终建筑的使用者是当地居民。只有系统地了解他们，才能更好地对建筑进行改造。

其次，对于改造的成本要有合理的控制。因为承担改造费用的是农民，他们希望能使用有限的资金实现自己改造的愿望。过多地投入高科技产品会给他们带来负担，那么改造过程就不会顺利进行。因此，设计师在改造过程中要不断地和建筑的主人进行沟通，这样才能实现双赢的改造目的。

第二节 保留当地建筑特色，改造不能完全看不到以前的样子

针对保护乡村风情风貌有一系列明确指示，城乡一体化发展，完全可以保留村庄原始风貌，慎砍树、不填湖、少拆房，尽可能在原有村庄形态上改善居民生活条件；新农村建设一定要走符合农村实际的路子，遵循乡村自身发展规律，充分体现农村特点，注意乡土味道，保留乡村风貌，留得住青山绿水，记得住乡愁；乡村振兴不要搞大拆大建，防止乡村景观城市化、西洋化，要多听农民呼声，多从农民角度思考。乡村振兴需要强化"城乡一体化"思维，但不能搞成"乡村城镇化"。一些地方用城市建设理念搞乡村建设，不但毁掉了乡村文脉，毁掉了乡愁记忆，毁掉了美丽乡村，也毁掉了乡村旅游，更毁掉了拔除穷根的良好基础。

休闲农业含有农业功能以及旅游功能两种，其自身资源的情况是对其实施开发的前提。休闲农业的建设要结合当地的情况，农田归属于乡村中不能建设的区域，因此只可以适当实施规划修整，把自然环境与生态、休闲、娱乐科学化地结合在一起，也就是将人文景观同自然景观融合。

民族文化既是美丽乡村景观改造设计的源泉，也是乡村景观设计的文化背景。在民族特色景观设计时，要在民族文化中提炼出相应元素，在标识设计及改造过程中合理运用。不同地域有不同的风俗人情，如果是少数民族聚居区，民族特色更加突出，所以在改造设计过程中，一定要进入村庄，与当地村民进行全面的沟通与意见采集，具体情况具体分析，将民族特色更好地体现在乡村景观改造中。在改造过程中，应该注意民族风俗人情和趋于现代化的人文因素相结合，在对民族历史文化的继承的背景下发展，在发展过程中弘扬民族特色。

乡村建筑的改造应该遵循"修旧如旧"的原则，改造后的建筑风格应该与原始建筑风格相统一。例如，南方民居建筑中的徽派建筑里有很多木雕、石雕和砖雕，对于这类建筑的改造就要依据"修旧如旧"的原则，使其恢复原来面貌，如果需要增加新的建筑部分，那么就要选用和原来建筑风格一致的材料，这样

才能使其成为统一的整体。

乡土建筑遗产在人类的情感和自豪中占有重要的地位。它已经被公认为是有特征的和有魅力的社会产物。它看起来是不拘于形式的，却是有秩序的。它是有实用价值的，同时又是美丽和有趣味的。它是那个时代生活的聚焦点，同时又是社会史的记录。它是人类的作品，也是时代的创造物。如果不重视保存组成人类自身生活核心的传统性和谐，将无法体现人类遗产的价值。乡土建筑遗产是重要的，它是一个社会的文化的基本表现，是社会与它所处地区的关系的基本表现，同时也是世界文化多样性的表现。

所谓的建筑风格，指的是建筑的平面布局、形态构成、建筑手法等方面体现的独特风格。所以在设计师改造过程中，尽量能保留建筑的外部状况，这样就保留住了原有的建筑风格，可以重点对内部进行改造设计，以适应现代人的生活方式。这样既能尊重当地的地域文化，也能提升当地居民的生活水平。

第三节　尊重当地文化，利用废旧材料

每一个乡村都具有自己的特色，也经常使用当地特有的材料来装饰建筑。对于改造来说，不得不拆除一些废旧的建筑主体，但是这些部分也具有一定的历史和文化意义，如果能适当地再利用，那么既能体现当地特色，又能增加审美效果。

例如，将具有当地特色的柳编工艺制成吊顶，既降低了改造的成本，又为游客或者是在此居住的居民提供了新的景象，也可以进一步推动当地柳编工艺的发展。还有的改造将原有建筑中具有代表意义的门或者是木制工艺品引入到室内的改造中，增加了趣味性，使改造后的建筑和原有建筑实现了另一种对话。

乡村景观要以原生态为内核。坚持乡村景观的自然属性，就地取材，合理利用，重视与周边环境的协调性，追求乡土味、生活化和趣味性，采用遵循自然肌理的点线面设计手法，是构建乡村景观框架的良好模式。在乡村景观的打造上要考虑与建筑风格、文化主题、地域特色相融合，利用点状景观的空间丰富性营造富有生机的环境主题，如一棵古树、一口古井、一座古桥、一块灵石等，通过合理的氛围营造，为整个环境点缀增色，因地制宜地选取材料作为景观的载体，如在北方可以大量运用石头、木头、卵石、土坯、铁艺作为乡村景观的基础，在南方可以选择楠竹、石头、木材等材料作为乡村景观的载体，通过艺术化的造型和材质拼接创意创造新的主题小品景观。

乡村文化是整个乡村建设的核心，一切建筑、景观都要根植于地方文化，在乡村建筑的过程中突出文化的重要性，将文化渗透到生活、生产、生态当中，摒弃千村一面的建设现状，突出各个村庄民风民俗、劳作方式、饮食习惯的差异性，保持乡村文化的原真性和独特性。

一、提取运用村内建筑元素符号

挖掘村庄建筑特色，对村内现有建筑运用的檐口、墙花、门窗样式等建筑要素进行提取，依靠相关的改善修建工作将特色融入村庄内部的房屋绿化里，建设独具自身文化特点和风俗的村庄。

二、打造特色街道

将村庄的主要道路作为提升的重点，整治道路两侧的商店等服务设施。对主要街道的沿街立面进行统一规划改造，对原有房屋沿街立面进行清洁，沿街院落围墙墙体贴石材，打造具有村庄特色的民居建筑形式；对沿街门窗进行统一粉刷、更换；沿街绘制道德实践活动文化墙，增加村庄的传统文化氛围。紧扣"乡愁"主题进行改造，使乡土气息更加浓重。

挖掘每个村庄独特的历史文化和风土人情，使文化传承成为乡村发展的根本动力。乡村景观是乡村文化很好的表达方式，从碎片化、艺术化、节点化的表达中勾起人们的文化记忆，在感受乡村生活和乡村文化的过程中，使人们对乡村再次形成一种认同感和归属感，既展现了新时代的全新需求，又为乡村建设的可持续发展提供了空间。

第四节　提高建筑空间的使用率，实现功能更大化

很多乡村建筑没有合理的空间规划，为了满足当地居民新的功能需求，就要对其内部空间进行改造。例如，有些乡村建筑需要改造成民宿，那么对于客

房的要求就比较高，就要对室内的空间进行规划。原有建筑一般都是侧重生活区，而民宿要求以客人为主，所以在不改动原有建筑结构的前提下，增加一些隔断，调整非承重墙的位置，这样就可以获得新的内部空间。

每一座需要改造的乡村建筑，都有自己的实际需求，而设计师要做的就是要了解这种需求，然后结合当地的实际情况，使用新的设计手法来实现功能的最大化，以满足改造要求。

乡村旅游新业态下的乡村闲置农宅改造设计，一个重要理念就是在保护农村原始生态自然环境的前提下，促进乡村经济发展。乡村旅游新业态的开发应充分利用乡村原有的物质环境资源，包括历史建筑、古树、古街等，取代传统的第一产业为主导的新乡村旅游的产业链条，为游客创造一个集乡村体验、观赏、教育、健康、娱乐的乡村游玩项目，做到在体验中了解乡村生活。而乡村建筑改造与面貌提升，发展乡村旅游，可以在一定程度上为村民提供就业机会，促进乡村经济的发展，一定程度上缓解了空心村的问题。

农村应使用乡道分级修建的模式，依靠乡道情况和其用途分成四类：综合乡道、一级乡道、二级乡道和三级乡道，各级乡道的用途和修建的用料、策划方案是重点考虑的因素。

在设计停车场的同时可在外围种植乔木，形成树阵，提升村庄生态环境和景观效果。规划完善道路亮化工程，对路灯建设进行查漏补缺。沿村庄主干道和巷道采用双侧布置的方式设置路灯。照明路灯间距为 30 ~ 50 米，主要道路采用铝制挑臂路灯或太阳能路灯，巷道采用墙灯。建设排水管道来建设排水网络。依靠各个地方的具体情况，安排想要的提示标志、标线；在行车密集、人流量较大的道路，安排路面减速带等等。修缮完毕后再实施绿化，来保护路基的稳定、美化农村自然环境等。在村庄明显处设置交通标志和安全警告牌，村庄外围种植防护林带。

乡村旅游是随着城市化进程发展出的新型旅游产业，发挥乡村旅游新业态的特点，可以有效地促进乡村基础设施建设，加强乡村环境的生态平衡，也有利于民间艺术的保护和继承，有效地促进传统农业产品的发展，形成了一体化的乡村，从而促进乡村经济发展。

营造丰富的点线面景观空间。"点"型空间要在场地内通过单体小品、景观、构筑的方式突出，如在院落内布置景观水井、石磨盘、车辖辘、农耕用具等农业生产工具进行景观氛围的营造，同时利用丰富的乡土植被进行空间营造，在藤架上可以利用丝瓜、葫芦、黄瓜、葡萄等蔬果进行垂直的点缀。

在乡村空间中，如在村口需要一个村标，可以通过牌坊、大型标识牌、景观立柱等作为点景的景观符号；村庄里可以有若干休闲活动的节点，如村民的活动广场、休憩广场、景观广场等，通过雕塑小品的方式打造一系列能够进行宣传教育、具有当地文化特色、进行健康生活引导的主题景观，同时可以增设一系列休憩座椅、宣传栏、健身器械、文化雕塑小品等景观要素。

"线"型空间的打造要依托乡土植物，如绿篱等植被，营造出丰富的景观天际线，比如在乡村道路两侧种植适宜当地生长的景观行道树、景观绿篱、蔬菜果树、高粱水稻等，以农田的整体韵律、果树的春华秋实、苗圃的郁郁葱葱、花卉的绚丽多姿构建景观氛围，同时通过树形树姿、四季色彩的变化等，形成丰富的乡村田园景观。

"面"型空间可以是一处景观休憩节点，或者是村民活动广场，要留有足够的使用空间，满足聚会、活动、演艺等功能需求，是一处以人为核心"聚合"的空间，功能主题是让乡村文化、地方特色得以延续、保存，注重村民的参与性，给予丰富的活动休闲空间。

乡村建筑具有浓厚的文化特色，为了从根本上提升乡村建筑改造水平，就需要秉持可持续发展的理念，运用更加合理的改造手段，增强乡村建筑的功能性与观赏价值，确保乡村建筑改造工作能够在增强村民生活水平质量和满足乡村基本建设要求的过程中发挥出积极作用。

在乡村建筑规划形态改造过程中，需要将可持续发展理念应用在建筑间距规划期间，确保乡村建筑物之间的距离保持在合适范围。具体来说，建筑物之间的距离应当符合空间距离要求，也可采用围合形态组合在一起，以保证村民生活环境适宜。乡村建筑的组团性以及院落性也是体现可持续发展理念的重要形式。在设计乡村建筑整体形态过程中，设计人员可以将增加景观绿植覆盖面、建成自然景观公园等目标作为建筑环境改造的要点，要求乡村建筑材料体现出当地的乡土特色，在保障乡村建筑建设经济效益的同时，切实提升资源利用率，确保乡村建筑改造工作能够在推动社会城市化发展中发挥出重要作用。

为增强乡村建筑的功能性，满足村民对乡村建筑改造工作提出的更高要求，需要在保障建筑工程原肌理纹路的情况下，增加建筑外部公共空间。要求建筑物前后距离应当符合专业设计规范，前后建筑物之间的宽面应当相互对应，在地区环境允许的情况下，可以将建筑群落设计成四合院式结构，增加乡村建筑的整体性与观赏价值。另外，还需注重在公共空间处多设置绿化，形成一定的景观空间。由于绿化植被可以有效改善地区微环境，确保地区具有冬暖夏凉的气候优势，因此可以吸引更多住户或者游览者，有助于拓宽乡村经济发展渠道。

在进行乡村建筑外立面改造工作时，建筑材料也可直观展现出可持续发展的设计理念。具体来说，建筑外立面材料应当使用当地砖石材质结构进行组合设计，门窗材质主要以木质材料为主，具有一定的节能环保性。为有效防止当地资源浪费情况的出现，在建筑改造设计过程中，还需要严格遵守因地制宜的原则，在不影响建筑质量和使用性能的前提下，尽量采用当地自有的丰富资源。

在乡村建筑街道改造过程中，需要重点关注相关工作，通过完善乡村街道的各项功能，增强居民生活水平质量。在乡村建筑街道改造过程中，街道展示面会设计出一些平台空间，用于放置绿化植物，形成一条景观空间廊道。在街道设计过程中，应当开展空间节点变化与创新工作，增加休憩平台，确保所设计出的乡村建筑空间能够符合可持续发展的要求。

在乡村建筑外立面改造过程中存在诸多问题，部分地区为了追求乡村城市化建设，没有将传统文化资源充分利用起来，导致乡村建筑的历史感与文化底蕴丧失。同时，采用简单效仿以及批量化改造的方法，导致不同地理位置和有着不同人文环境的乡村建筑外立面风格一致。建筑外立面设计是建筑空间的重要组成部分，对建筑空间整体形象以及特色极为重要，这就需要在建筑外立面改造过程中严格遵循合理协调的原则，对现场进行地理环境调查，细致研究本土文化特征，加强乡村建筑改造过程中的环境和谐性，遵守原始自然风貌，合理运用客观现代元素，力争打造出具有地方特色的乡村街道。

乡村建筑改造工作的有序开展，需保留当地建筑的文化特征，尊重村民生活习俗。在原有建筑材料以及建筑空间的基础上开展设计改造创新工作。具体来说，在建筑外立面设计过程中，可以选择木材与石材组合的设计方式，用竖向纹路的木材作为立体分隔点，同时在搭建建筑平台的过程中，也可使用一些具有当地文化特征的石料作为主要装饰材料。通过乡村建筑结构和材料的协调搭配，增强乡村建筑整体的观赏性，为乡村建筑空间带来崭新体验。

第五节　整体规划和局部改造要相统一

现在有很多乡村规划都是整个村子一起参与，因此会涉及基础设施建设和乡村整体发展定位问题。美丽乡村规划包括乡村的空间布局、村庄风貌保护规划、产业配套建设、基础设施建设、生态环境保护等方面的内容。乡村的整体规划是为了实现产业振兴、创造休闲旅游产业，以此来改善乡村的整体经济状况。

农村宅基地包括已经建在土地上的房屋和土地，是属于集体所有的。按照"一户一宅"的原则梳理村庄的宅基地，对闲置宅基地进行清理，依法确权后可用于流转，对空闲的宅基地进行功能置换利用，改造为游园、广场等公共空间。依据政策导则，村庄应结合村况新建村民服务中心、室外活动场地、幼儿园等公共服务设施，村委会应为党员活动、信息技术服务、法律援助等功能使用提供房间，建立完善的村民中心。结合实际情况新建游园、广场等，满足村民健身活动使用需求。种植绿化、打造景观节点，并结合周边环境丰富村庄入口环境。

根据村庄现有庭院状况的调查结果分析，对旧庭院进行改造或者翻建。在庭院改造的同时，对庭院进行绿化和美化，以观赏树木、果树、花草为绿化主体，从而达到美化环境、丰富生活的目标。最后以增加绿化为目标，在村庄的各家各户种植树木。在改造的同时要结合具体情况进行调查分析，创造出宜人宜居的乡村庭院。在此基础上，要根据各家各户的情况在庭院内栽种少量蔬菜等作物，有利于提高村民的收入。

很多设计公司和设计研究院在乡村建筑规划设计中注重建筑原始风格的延续，在此基础上规划和改造乡村现状整体风貌，使其在形式上与乡村的整体风格保持统一。局部的改造也首先选择当地废旧材料，根据各地气候特征及当地居民的居住习惯，采用新型的建筑节能技术和环保材料，建设绿色生态居住环境。乡村的整体规划和局部改造要形成统一的风格，这样才能更好地和环境融合，更好地为使用者所用。

当艺术遇上乡村，两者之间会产生意想不到的效果。如今，艺术家已经活跃在乡村建设领域，在艺术家的引导下，乡村如同一张画布，艺术家的画笔赋予乡村更多的惊喜，激发乡村更多的潜能和可能性，能将一个普通的村庄变成一个有诗意、有情怀的艺术村落。艺术乡村和乡村艺术化是艺术和乡村互相渗透的两个方向，前者吸引更多的艺术家、创客聚集，以田园工作室、乡创艺术实验等方式开展，最终的目的是将乡村打造成一个艺术空间，后者是艺术家把自己的生活与乡村紧密结合起来，不仅仅是在乡村工作，更是在乡村居住、生活，将他们的创作与乡村环境紧密地结合在一起。自古文人雅士都喜归隐，都有浓郁的乡土情怀，可以说乡村是艺术创作灵感的源泉。艺术乡建既能给艺术工作者提供展现自我的平台，又能提供给他们创作的灵感，同时，艺术乡建也能优化农村产业结构，推动乡村文化建设，并加快农民脱贫致富。

主要是通过艺术家的引导，村民参与到"艺术乡村建设"中，主动改变乡村的村貌。例如，在我国台湾出现了很多彩绘村，很多本地居民自发地对乡村进行艺术改造。这些艺术改造最常见的形式是涂鸦——把乡村的墙面、地面全部涂上色彩鲜艳的图画，如彩虹、卡通肖像、吉祥年画，甚至放大的艺术字体等。虽然画作本身没有章法，作品相对比较质朴，但深受人们的喜爱。很多原本普通的乡村，在这种低成本、高成效的艺术加工之下，变成了如童话世界般的绚丽村庄，吸引了大量游客前来。

第四章　乡村振兴之建筑改造的形式

相比于农业的机械化发展和农民收入增加这种隐性的乡村振兴发展成果，乡村建筑的存在更能直观地展示乡村振兴的成绩，而且也有助于改变乡村村容，进一步带动乡村的经济发展。

自身的特色和特殊的历史背景，造就了乡村建筑的多样性。乡村建筑一般都具有长久的历史，属于文物的部分要积极进行修缮和保护；属于普通乡村建筑的，可以拿来进行改造，以适应如今乡村振兴的大趋势。

当然，有很多乡村建筑改造也是符合当地居民的要求的，不同性质的乡村建筑改造，给居民生活提供了不同的生活体验，一方面可以改善乡村的经济状况，另一方面也可以丰富居民的精神生活。

建筑改造的含义，顾名思义，就是在原有建筑的基础上进行新的创作，使原建筑和改造后的建筑能融为一体，成为统一的建筑体。乡村建筑改造不同于新建筑的建设，因为原有的建筑已经具有一定的故事性，而设计师要在保留这些故事的前提下，去进行新故事的创造，既不能掩盖原有建筑的特性，又不能喧宾夺主地改变原有建筑和周边环境的和谐。这对于设计师和施工者来说是一个巨大的挑战。不可否认的是，这种改造的确很考验设计师，一旦设计师没有解读好原有乡村建筑，那么所谓的改造恐怕就会变成一定程度上的破坏。

根据改造后使用功能的不同，乡村建筑改造大致分为商业用途建筑、公共用途建筑、改善居民环境和生活的建筑、艺术创作类建筑等。

第一节　商业用途建筑

乡村建筑改造一般而言，原有建筑都是民宅、小型商业用途建筑或者是被废弃的公共用途的建筑。无论是哪一种用途，需要改造的建筑都是原有用途已经不能符合现在的生活需要，因此需要新的介入来改变原有的建筑状态。

改造之后用于商业用途的乡村建筑是最主要也是最常见的。例如，改造后被用作民宿、餐厅和茶室等。用于商业用途的改造要考虑很多成本因素，还有空间使用的规划等方面。而在改造开始之前，设计师对原有建筑的地域考察就变得尤为重要。不同于城市建筑，乡村建筑与环境的关系更加紧密，无论是自然环境还是人文环境，乡村建筑都带有浓厚的当地特色。很多乡村建筑的取材就在当地，甚至有的建筑材料只有在当地才能获得。在使用特有材质的前提下，乡村建筑就带有自己的独特性。而设计师在改造之前的考察就包括这方面的内容。因为是用于商业用途，所以最终肯定要考虑经济价值，所以需要设计师能够实地考察当地的特殊建筑材料和建筑手法，这样才能更加准确地提出合适的改造方案。

商业用途会有几个功能核心，例如，如果改造成民宿，那么会以客人的居住以及体验当地特色饮食和活动为主，就会在改造中重点考虑这几个功能区的设计，减少其他不需要的区域。如果改造成餐厅，就会着重设计厨房和会客区部分。不同商业用途的建筑都有自己关注的区域功能，但是都遵循一个原则，就是建筑要保留自己的特色，或者是后期会对一部分原有的建筑进行设计，将新的面貌呈现在客人面前。适当的室内设计会重点考虑这部分的加入。比如，将原有的外部石头台阶引入到改造后的建筑内部，让客人能再次见到原有建筑的部分，这样能增加功能区的故事性和历史性。形成这种独特的对话方式需要设计师不仅仅着眼于整个建筑，还要能适当地运用原有建筑的故事。

开发商是乡村振兴的重要建设力量，是资本进村、资本建村、资本兴村的推动力。现阶段的乡村建设模式大多引进对乡村生态人居环境影响较小且可控的、以乡村旅游观光产业为主导的开发建设项目。地方政府吸引民间资本进入，与民间力量合作，借助开发商的平台、技术以及资本投入等优势条件，推进乡村建设进程，实现了地方经济发展。与此同时，开发商凭借相关区域的特质性传统文化、和谐性生态环境、原生性地形地貌等，对乡村整体面貌进行改造，打造以休闲、观光、餐饮、民俗风情等为内容的乡村旅游产业生态链，获取相当可观的投资回报，这是地方政府愿意尝试、能够实现双赢的建设模式。究其原因，开发商的投资行为绝非全部出于公益目的，而是瞄准了乡村建设这一块"大蛋糕"，目的是通过民族乡村、民俗乡村、原生态乡村以及风景区的打造吸引游客前来旅游和消费，从中获取门票收入、租金收入、餐饮收入、酒店收入、购物收入等。丰富的投资回报是开发商对乡村建设保持高度参与热情的动因。

乡村建筑改造后用于商业用途，这对原有建筑的要求不高，只要建筑主人有需求，找到设计师，提出想要的方案，就可以实现。所以，这也是乡村建筑改造中最常见的形式，是单纯的甲方和乙方的关系。甲方有需求，乙方有能力，就可以顺利地进行改造。

第二节　公共用途建筑

除了用于商业用途之外，乡村建筑改造后也有用于公共用途的，基本上包括办公建筑、公共设施建筑、研学营地和纪念馆等。所谓公共用途，其实就是基本上没有经济收益，但是又能为当地居民甚至是外来游客提供理解当地文化的场所。

公共用途比较注重功能的综合性设计，因为在这个场所活动的人们需要大量的空间和功能区，在改造时，设计师要考虑各种人群使用这一场所的目的。在空间划分上，就要考虑功能分区的多样性和综合性，让每一个进入建筑的人都能很方便地找到自己想要的功能分区。不同于商业用途建筑里面有很多服务人员，公共用途建筑里面更多的是访客自己去完成一系列的操作。那么在改造中，就要明确功能分区，建筑的特色变得不那么重要，而是将便利作为改造的原则。

改造后作为公共用途的建筑，对于原有建筑的地理位置有很高的要求。它应该是以往就聚集了很多人气的场所，或者是在交通要道附近，因为只有这样的乡村建筑改造后才能提高使用频率。如果是很偏远的地方，恐怕即使有很惊人的改造方案，其后期的使用也会受到影响，因为建筑毕竟是要依赖人而存在的。如果公共用途的前提是遥远的路程，那么使用起来就会有很多不便利的地方，久而久之，也会被当地居民淘汰。

公共用途建筑多位于村庄重要位置，如村口、村中心，交通便捷、标示性较强。周边常有年代久远物件，如古树、古井、戏楼等，满足村民日常生产、生活。但随着乡村旅游发展，村庄重要节点需要改建设计，增加展览展示、接待、售卖等功能，为游客提供拍照停留的空间，如此改造设计后，既可以满足村民日常生活，又为外来游客提供便捷，增加了村内与外界交流的可能性。

地方政府为保存与恢复当地传统建筑与文化特色不懈努力。特质性的传统建筑不仅符合政府（决策者）的审美心理，也存在着拉动地方 GDP 增长的目的。乡村建设能够吸引社会投资，推动道路、桥梁、公共场所等基础设施建设，促进第三产业发展，催生乡村旅游经济，这些投入与回报均能够拉高地方经济指标与增长指数。

第三节　改善居民环境和生活的建筑

乡村建筑改造中有一类建筑，它们的出现，提高了居民的生活质量。这类建筑在城市中很常见，也很受欢迎，同样，在乡村中它们也被慢慢地接受。

这类建筑包括各类学校、图书馆、展览馆等。很多居民不理解它们的存在，觉得以前没有这些建筑也能生活，但是这些建筑的存在能提高生活的品质，尤其是对后代的影响更是深远的。这些建筑关乎精神文明建设，可以提高居民的文化素养，因此对于设计师又有新的要求。

这类建筑都不约而同地跟文化和文明有关，因此在改造中，要尽量考虑展现更多的人文关怀，而改造后的建筑大部分也有一定的文化底蕴。改善居民生活的前提就是居民要参与到其中，这类建筑大部分也是公益性质的，并不向居民收取费用，但是能为周边居民提供一个聚集的场所。这类建筑要能保留乡村自己的特色，因为一个完全现代化的建筑会让人们有距离感，也会很突兀，人们会觉得这样的建筑和周边环境格格不入。这类建筑的改造原则就是既要展现乡村自己的文化特色，又能与周边的自然环境相融合。

乡村建设的初心是改善农民的生存和居住环境，增加农民的可支配收入，重建农民对自身传统文化的自信。乡村建设尤其是旅游生态产业的打造实质性地增加了农民日常收入。例如农民可以借乡村旅游吸引城市消费者从而获得经济收入，走上脱贫致富之路。除此之外，地方政府对乡村建筑的改造，本意是想改善农民的居住条件和质量，例如部分农村对村内民居内部结构进行加固，对民居的外观进行粉饰，对民居的室内进行装修等，所需费用均由地方政府予以补贴。同时，对乡村建筑的改造能够促使农民对传统特质性建筑的认同，让农民重新住回祖辈、父辈世代居住的传统建筑，继而对当地传统文化保护乃至民族文化产业开发产生积极推力，而这些努力和举措的最终受益者仍然是农民。

第四节　艺术创作类建筑

除了以上具有一定目的性的乡村建筑改造以外，还有一种类型的改造，就是设计师和艺术家共同完成的艺术作品类型的建筑改造。这种类型其实也是在改善乡村环境。这类改造具有很大的主观意识，依赖于设计师和艺术家的创作手法和创作理念，改造后的建筑也是大部分起到了纯粹的审美作用。

因为乡村建筑的面积一般都比较大，进行艺术创作的时候有很大的空间。而改造后的建筑，即使并不是每个人都能理解，但是在某种程度上，改善了乡村的面貌，也提高了居民的审美情操。

在如今经济高速发展的社会环境影响下，乡村的城镇化进程加快，很多乡村建筑都被全新的建筑取代，这其中也包括那些具有文化和历史意义的建筑。人们按照自己的意愿和需求改造任何建筑，最终只会加深破坏，甚至是降低使用的年限，因此，乡村建筑的改造应该交由更专业的设计师去参与，这样才能保证最大限度地保护好原有的建筑。

很多传统乡村建筑的改造对于保护传统建筑有很大的帮助。改造或多或少都会受到当地文化的影响，有的设计师擅长运用当地的特殊建筑材料来进行改造。大部分乡村建筑的改造注重本土文化的保留，无论是建筑立面的改造还是建筑内部结构的重新规划，都会和当地的环境相融合，这也是设计师所追求的效果。

乡村风貌最大限度满足了城市消费者（游客）的休闲情趣。城市消费者享有文化权利，文化权利归属精神利益的范畴，即享用文化产品，实现文化消费，满足精神需求的权利。从城市消费者角度分析，城市千篇一律的、由水泥修构的建筑样式缺乏新意且枯燥，水泥建筑的外观大多存在某种程度的雷同，在高强度、快节奏、小空间的城市中寄居易滋生压抑和束缚感，而乡村体验与乡村休闲正是他们工作之余所迫切需要的精神享受和放松，是理想的休憩之地。在城市消费者眼中，乡村特质性民居建筑是传统文化的有形载体，是美与智慧的象征。同时，城市化、工业化进程带来了环境灾害，城市消费者向往人与自然和谐共处，期盼小桥流水、月明风清、山清水秀般的理想且诗意的生活状态。

随着乡村建设的深入发展，对乡村文化景观的研究与实践也进行了多方位的探索。伴随着中国经济结构的转型，乡村发展模式由经济为先，逐渐向文化、经济并重发展，文化越来越成为乡村建设的创新方向和重要源泉，通过艺术介入乡村建设的实践和研究也在逐步展开。1994 年中国台湾的美浓乡建与 2000 年日本越后妻有大地艺术祭对于乡村振兴方面取得的成功，给艺术家们在艺术对于乡村建设的活化提供了可行性。2001 年起，温铁军教授在乡村经济、乡村治理方面的研究为艺术介入乡村奠定了基础。2003 年何慧丽老师在河南省兰考县进行了文化建设乡村实践。之后，艺术介入乡村建设实践在国内逐渐兴起，其中最为典型的为渠岩创办的许村国际艺术公社，以及左靖、欧宁在安徽黟县碧山村开启的"碧山计划"。特别是在近些年，艺术介入乡村建设像雨后春笋般生长起来，通过近些年的艺术介入乡村建设，可以看到艺术家通过艺术的手段除了对乡村进行美化外，还对当地的传统手工艺进行了复兴。艺术家以乡村文化为切入点，通过艺术的手段对其进行转化与传承，并对乡村环境产生积极的影响，促使乡村发展。

基于乡村内在特质，艺术对于乡村景观建设方面具有独特的优势，特别是在乡村文化景观与乡村聚落景观的建设中，艺术根据其创造力能够表达出乡村的特性并将当地文化价值转化为经济价值，从而带动乡村特色化发展。艺术介入乡建作为一种新的乡建"活化"方式兴起，在国内已经有较多实践，但国内关于艺术介入乡建的研究基本都是围绕于艺术学、人类学与社会学等学科，研究的方向更多偏于乡村文化、乡村现象的研究，从艺术介入乡村景观的层面进行研究，对改变乡村面貌、传承地域文化、维系乡土情感具有重要的作用，也为乡村振兴提供一定的思路。

一、艺术介入乡村景观建设相关理论

（一）艺术介入理论

艺术介入理论主要包含艺术介入空间理论和艺术介入社会理论。法国艺术史教授卡特琳·格鲁所著的书籍《艺术介入空间：都会里的艺术创作》从多学科交叉的角度探讨了西方公共艺术介入到城市公共空间的方式，主要对艺术作品介入城市空间的案例进行阐述，分析艺术介入对空间的影响以及作用等。介入空间的艺术除了能够传播美，还具有对周围环境产生影响、营造氛围并引发公众参与的可能性的作用。在现代城市的发展中，科技的发展为人们之间的交流提供了便捷，依赖于科技技术便能足不出户地进行交流，但同时在传统空间的营造上，公共空间并不能满足公众沟通、交流的氛围需求。艺术的介入，可以促使人们相互交流以及营造可供交流的舒适空间，具有激活空间的作用。艺术对于空间的介入，能够表现出艺术的人文精神，让人心情愉悦，使空间环境氛围更易于让人沉浸下来。

艺术介入社会起源于历史前卫运动，艺术介入社会主要通过艺术作品对社会相关问题进行表达，引发人们的思考。在 20 世纪，西方前卫艺术家一直在探索艺术在社会批判方面的作用。阿多诺在《论介入》中，认为社会是带有政治色彩的，是严肃的语境，而艺术富于浪漫色彩，艺术介入社会不但不会使社会问题得到改善，反而会让社会问题变得更糟糕。在这里，阿多诺对艺术介入社会的看法是带有批判性的。在 20 世纪 30 年代，鲁迅在《绘画杂论》的演讲中，号召艺术家应该要关注社会现状。艺术介入社会理论主要是倾向于通过艺术的表达反映出社会问题，引起人们对于社会问题的关注。李公明教授通过进入乡村，以墙绘的形式表现乡村问题，引发人们对于乡村问题的关注。

在乡村景观的设计中，艺术介入乡村空间可以促使村民之间进行交流，激活乡村空间的活力，营造出惬意的乡村氛围。同时通过艺术的多种表达方式，对乡村社会体系进行重塑，重新凝聚乡村的集体意识，实现乡村内部的持续发展。在乡村景观的营造中，深度挖掘乡村内在精神，表达乡村文化、经济、社会、环境等方面的思想，呼吁外界对乡村的关注。

（二）环境心理学理论

环境心理学研究环境、人的心理和行为之间的关系，乡村景观设计与环境心理学紧密相关。环境心理学起源于西方国家，发展至今已相对成熟。国外对于环境心理学的研究领域主要分为七个部分：（1）人对环境的感知与评价。（2）环境研究中个体认知、动机因素以及社会因素的影响。（3）环境危险知觉与生活质量。（4）可持续发展行为与生活方式。（5）改变非可持续发展行为模式的方法。（6）公共政策制定与决策。（7）个体与生物、生态环境系统的关系。在这些内容中，个体对环境的感知、觉察及反应对环境设计研究具有重要的指导意义。我国对于环境心理学的研究主要集中在设计中的应用、环境心理学科的理论探讨、环境因素对个体的影响、环境认知、环境问题对个体的影响以及环境问题的对策研究等方面。

在环境心理学中，衍生出了视知觉理论，环境心理学的核心内容就是视知觉原理，其中主要包括整体性原则、图底关系和组织原则。我们在日常观察周围环境的过程中，会调动我们身体的各个器官感受周围环境，其中视觉是最为全面及最快速的感知方式。艺术介入乡村景观中，通过对环境心理学以及视知觉原理的运用，设计出宜人、满足人身体感官愉悦的景观，构建符合乡村特性的环境特色空间。

（三）区域景观规划理论

区域景观规划是景观规划的重要内容，最早起源于西方的城市规划。区域景观规划是在大的空间下，基于区域原始景观，通过对区域生态环境进行保护、建设规划，实现人类与景观环境和谐相处。郭巍教授认为在大的空间范围和工程项目中，景观规划师将功能技术和美学因素相结合，综合考虑自然保护因素和建设因素，在区域背景下对景观要素进行空间上的布局和规划，是对地理学、生态学、规划学的综合应用。在乡村景观的规划设计中，结合区域景观规划理论，从宏观上对于乡村景观进行设计，综合考虑乡村的自然、人文等各种因素，以乡村生态环境保护为基础，利用乡村生态环境的优势，在乡村农业景观格局上进行优化处理；以乡村聚居环境为中心，合理配置、设计乡村景观，实现人与环境的和谐发展。

（四）内生式发展理论

内生式发展的理念最早由日本学者鹤见和子提出，她根据地域的发展情况将其分为"外生式发展"和"内生式发展"两种模式。内生式发展强调从内部自主地进行发展，其中人是内生式发展的主体。1975年，瑞典某财团在联合国发表的《世界的未来》报告中正式提出了这一概念，提出"如果发展是指个人的解放和人类的全面发展，那么这一结果只能从社会的内部来推动、实现"，强调了自力更生的重要性。城市化的加速发展，乡村人口外流，乡村产业滞后，只能靠传统的农业支撑乡村发展。在发展过程中，过度重于乡村经济发展，导致乡村自然景观遭到一定程度的破坏；而由于乡村人口外流与乡村传统文化难以跟上现代发展，乡村传统文化逐渐流失，无人继承。传统的开发模式与发展理念已经严重影响了乡村的发展，乡村需要依靠外界的推动进行乡村发展。对于乡村而言，外界的力量始终有限，并且从长远角度来看，乡村内生式发展显得尤为重要。乡村内生式发展首先应该对乡村生态环境、文化进行保护，保持乡村地区的独特性。其次，对于"人"作为主体，这里的"人"主要指乡村本地人。在乡村发展时，以乡村本地人为主体，保证了本地人的利益，有效发挥本地人的能动性，才能从内部解决乡村发展问题。最后，达到以上两点的正常实现，才能实施乡村改造。乡村是自上而下的组织方式，上层领导缺乏对于乡村的了解，对于乡村建设易流于形式。在乡村，通过实行自下而上的模式，以当地人为领导，赋予权力对该地区进行干涉，通过基层人联合外界推动乡村发展，实现乡村内生式发展。

艺术介入乡村的过程中，应积极地调动村民的能动性，发动村民积极参与到乡村建设之中，提升村民对于乡村的自我认同感。在艺术的熏陶下，提高村民的审美以及对于乡村资源的管理与利用，学习传承乡村文化，并将之与现代发展结合。积极鼓动村民共同参与到乡村建设之中，为乡村"内生式发展"做好铺垫，同时通过对乡村文化的保护，将乡村文化与艺术形式结合，对表演性质的文化进行再创作，将乡村文化与时代审美结合，发展乡村文化产业，有效促进乡村可持续发展。

（五）乡村旅游学理论

乡村旅游是在工业革命之后产生的。有些城市人，由于对于乡村生活、乡村环境等方面的向往，来到乡村，体验乡村生活，便形成了乡村旅游。乡村旅游通过乡村的吸引力，吸引外来人口进入乡村活动并产生一系列的消费，从而带动乡村经济发展。对于乡村旅游的定义，不同专业的人有不同的见解，其中肖佑兴认为乡村旅游是在乡村空间环境背景中，以乡村特有的民俗风情、生产生活方式、乡村建筑、乡村文化等为对象，集观光、体验、度假为一体的旅游形式。观光型主要对于乡村景观进行观赏性行为，这是乡村旅游中最常见的类型；体验型是自身可以参与到乡村活动之中，短暂地参与体验乡村风情，比如传统技艺的操作，农事活动的体验等，这种类型可以增强城乡交流；度假型是在乡村生活，能够长时间在乡村活动的类型。在乡村景观的设计中，可以根据乡村旅游的原理，有针对性地进行景观设计，有效地促进乡村资源的利用，从而带动乡村发展。

二、乡村景观的构成与特征

（一）乡村景观的构成

1. 乡村自然景观

中国地形地貌多样，有河流、森林、山地、丘陵等形式，乡村拥有丰富的自然景观。乡村自然景观主要由气候、地质、地形地貌、土壤、水文和动植物等自然因素组成，这些因素的不同造就了丰富的自然景观。例如，江南的水乡、华北的平原、四川的盆地等等。自然景观一般指自然界各要素联系与作用而形成的景观，自然景观包括了天然的自然景观与人类作用土地所产生的自然景观。自然景观是乡村景观重要的组成部分，为乡村农业景观、聚落景观、文化景观的形成奠定了基础。

2. 乡村文化景观

乡村劳动人民在长期的农作生活中，衍生出了民风民俗、传统节庆文化。这些文化集中体现在乡村村民的生活风貌之中，这是乡村景观中不可忽视的一部分。乡村文化景观体现着民族特质与风貌的文化，是乡村历史上积淀的宝贵财富。文化景观主要包括乡土文化、民风民俗、宗教信仰等方面，从服饰、民间故事到方言等都体现着乡村地域文化景观。城镇化的快速发展，乡村人口流向于城市，导致乡村文化景观逐渐消逝，乡村文化景观是乡村独特的财富，在进行乡村建设时，我们应充分考虑乡村文化景观的建设与发展。

3. 乡村聚落景观

聚落景观是乡村景观的核心，乡村聚落经历成百上千年的发展历程，形成了宜人、宜居的生活环境模式。在漫长的农耕文明时代，大大小小的聚落单元散布在中华文明的每一个区域，表现在乡村结构布局、民居住宅、公共建筑、文化标志等诸多方面，乡村建筑、道路系统、广场等供人们活动与休息的场地共同构成了独特的乡村聚落景观。乡村聚落景观的形成受自然环境、建筑风貌、生产方式、乡村文化等因素共同作用影响，这些因素决定了聚落景观特征，造就了不同的乡村聚落形态。在高速发展城镇化的今天，乡村聚落逐渐城镇化，在村落中只留存下零零碎碎的传统建筑，乡村整体布局被破坏，已偏离原有的乡村聚落形式。乡村聚落是先辈们留下来的宝贵财富，如我们不加以重视，乡村聚落也将逐渐失去原有的特色。

4. 农业生产景观

我国是传统农业国家，农业生产景观是乡村景观的主要内容，农业生产景观受自然条件、土地条件、经济发展影响。农业生产景观的形式是以自然景观为基础，村民在自然景观的基础上根据生存需求在土地上进行种植、改造，农业生产景观是因地制宜与改造自然的结果。农业生产景观具有地域差异性，主要受到自然条件限制，南北乡村农作景观的风貌就各不相同，村民根据地形与土壤条件进行农业生产，不同的区域与环境的不同造成了不同的农业景观，比如依据山势开采的茶园与平原上的稻田。同样，村民种植的内容不同也会形成不同的农业生产景观，比如果园、稻田、油菜田等。随着工业化的发展，机械化的生产方式也在改变着农业生产景观。

（二）乡村景观的特征

乡村景观是村民长期与自然共处以及对自然改造形成的景观，在这过程中孕育了乡村文明。村民通过对自然的改造利用进行生产生活，并且与自然达到和谐共处的关系。乡村景观具有生产性、地域性、生态性、美观性、文化性等特点。

1. 生产性

乡村景观是村民在生活、生产劳动中衍生的景观形式，村民为了满足生活需求对土地、自然进行改造利用，这种行为也就是以生产、实用为需要，生产是村民对于土地利用改造最原始的目的。因此，生产性是其最基本的特点。

2. 地域性

乡村景观受气候、地质、土壤、水文等因素影响。中国幅员辽阔，气候多变，我国地理区域的差异导致了乡村景观的风貌各不相同。从自然环境、建筑材料、建筑形式、风俗、农作物种植等多角度来看，这些都具有明显的地域性特征，因此乡村景观的形态受自然环境、人文特点影响。随着全球化的发展，城市的建设愈益雷同，城市对于乡村的影响巨大，乡村的地域性逐渐变得模糊。因此，对乡村地域性的考虑是乡村景观设计的重要步骤。

3. 生态性

乡村不同于城市，乡村自然资源丰富，具有良好的生态性。村民在对自然环境改造利用的过程中，因地制宜，遵循当地的自然因素特征，与自然环境相融合，减少对自然环境的破坏；在改造利用过程中融入自然因素，达到乡村景观的丰富性、多样性。乡村景观中的生态性主要包括了生物多样性、景观丰富性以及相互之间的协调性，这三者共同构成了乡村的生态性。

4. 美观性

自然具有美观性，村民在劳动耕种中，村民向大自然学习，在生产活动所衍生的场所形式，潜移默化地受大自然影响，模仿自然要素或创造新的形式，并运用于日常生活中。在这改造利用过程中，逐渐形成独一无二的乡村景观。乡村景观最终呈现的效果，具有美观性的特点。

5. 文化性

自古以来，人们从农耕时代发展而来，并逐渐形成文明。在农耕时代，人们主要依附于生态自然对人们的馈赠。乡村生态自然是人们赖以生存的物质资源，也是乡村文化孕育的基础环境。村民通过对乡村生态自然的充分利用，对其进行改造来满足自身的基础生活需要，村民依赖其天然的资源逐渐发展，并形成了乡村文化。乡村景观也承载着地方文化，饱含地域发展的历史文化信息，古树、古井、祠堂、建筑风吹雨打的痕迹，使乡村独特的文化轮廓逐渐浮现起来。

艺术介入乡村是在乡村建设的背景下诞生的，在 1990 年，艺术首先在社会公共领域进行了探索，对艺术的功能性方面进行了深入的研究。在 2000 年，艺术界在艺术的社会学转型的方面有了探索。在 2003 年，李公明对当代艺术与社会公共领域的互动进行了分析。这些活动都为艺术介入乡村做了铺垫。

由于我国的经济结构发生了转变，发展模式从经济为先转为经济与文化并重发展。在乡村建设中，政府对乡村旅游和乡村文化资源方面的内容非常重视。在 2000 年，日本越后妻有大地艺术祭的成功让我国艺术家看到了艺术介入乡村建设的可行性。我国三农专家何慧丽和温铁军等对于乡村文化、乡村经济、乡村治理等方面的探索为艺术介入乡村提供了学理支持，基于以上原因，我国艺术家开始逐渐进入乡村，通过艺术的手段对乡村文化、乡村景观方面进行建设。

从 2010 年开始，越来越多的艺术家开始投入乡村建设，这些行为被称为艺术介入乡村或艺术乡建，艺术介入乡村主要由艺术家参与，通过在乡村践行的艺术活动对乡村产生影响，艺术家在乡村的活动取得了一定的成效，同时这种行为被外界关注，吸引了越来越多的艺术家参与其中，甚至艺术院校也开设了艺术介入乡村的相关课程，通过艺术的手段进行乡村建设。

2009 年，出生于甘肃秦安县石节子村的靳勒在石节子村开展了"石节子美术馆"计划。靳勒毕业于西安美术学院，是西北师范大学美术系教师，他在石节子村开展的艺术活动主要是将整个村庄视为美术馆，邀请业界的艺术家来此进行艺术创作，并在石节子村进行展览。他的这种行为，很快吸引了当地政府的关注，并对石节子村的基础设施进行了改善，同样让村民有机会出去参加展览，见识外面的世界。靳勒的这次艺术活动很快在艺术领域引起了反响。

2011 年，欧宁受到晏阳初对于乡村建设的影响，与左靖在安徽黟县碧山村发起了"碧山计划"。首先在"碧山计划"内容里组织了"碧山丰年祭"活动，主要对当地的文化进行挖掘与保护。随后便又构建了"碧山共同体"，用乡村文化艺术来建设乡村，对碧山村的民俗文化进行深入调查并记录，然后对碧山传统建筑进行了修缮，并设立了碧山书局、碧山书院等。同时发起了"黟县百工"计划，对当地的传统技艺进行调查与记录，并出版了一系列《碧山》相关书籍，让外界通过《碧山》书籍便可以了解碧山。"碧山计划"最后因为艺术家的目标与当地政府的期望、村民的期望有所出入，便停止了。但碧山计划对于艺术介入乡村的影响较大，成为可参考的模板。

2011 年，艺术家渠岩受到当地政府的邀请，对山西和顺县许村进行艺术介入，发起了"许村计划"。渠岩对许村的艺术介入主要通过举办"许村国际艺术节"的形式，邀请国内外的艺术家入驻许村进行创作，并在许村进行展览，将许村宣传出去，并对许村当地的文化进行了保护，从而带动许村的发展。"许村计划"是艺术乡建成功的典范，因为其受到政府的支持，并从村民的角度进行考虑，为村民带来了经济效益。

随着"许村计划"与"碧山计划"的影响，艺术介入乡村逐渐鼓舞了艺术家甚至艺术院校的参与。2012 年，四川美术学院焦兴涛老师带领雕塑系学生在贵州遵义市羊磴县开始了"羊磴艺术合作社"艺术实践，将艺术与村民日常生活联系起来。在艺术创作的时候，艺术家与当地工匠合作，既增加了两者的交流，又能让艺术实现在地性创作。

2013 年在白庙村由艺术家与村民共同发起了"白庙计划"，通过公共艺术对乡村进行介入，重新架构艺术与乡村之间的关系。

2016 年，中央美术学院雕塑系第五工作室在贵州兴义市雨补鲁村开展了艺术创作。艺术内容主要包括"场域扰动计划""物尽其用——盆景计划""物尽其用——'衣'旧出彩"这几个部分，雕塑系师生通过对雨补鲁村进行深入调查后,对当地的民俗文化、传统技艺进行考察,并与村民合作创造出艺术作品,为当地注入了文创产业。

2017 年 4 月,中央美术学院城市设计学院在广东佛山乐从镇鹭洲村开展了"60% 公共艺术计划",通过公共艺术介入到乡村的公共空间中,为当地的面貌进行了提升,并增加了空间趣味。"60% 公共艺术计划"中的艺术作品 60% 由艺术家完成,剩余的 40% 由村民完成。

目前,艺术介入乡村还处于发展中阶段,艺术家投身于乡村建设,为乡村发展提供了多种可能性。艺术介入乡村作为一种新兴的乡村建设模式,通过艺术的作用对乡村景观进行干预,在短时间内取得了一定的成效,对于此方面的研究与深入需要我们共同探索。

三、艺术介入乡村景观建设的模式

通过从艺术介入乡村景观实践的模式对实践案例进行归纳分析,便于从宏观上对艺术介入乡村景观进行研究,并绘制了艺术介入乡村景观实践案例分布地图。艺术介入乡村景观的模式主要有"艺术导入型""艺术入驻型""艺术合作型"三种模式。

(一)艺术导入型

"艺术导入型"模式通过艺术的手段短期地对乡村景观直接进行导入,主要有艺术节或乡村展览等形式,艺术导入型通过艺术的效应吸引外界对于乡村的关注,存在持续力弱的问题。

1. 北京通州区白庙村

白庙村位于北京市通州区宋庄镇。2013 年由宋庄艺术家在白庙村发起了"白庙计划——艺术乡村建设"活动,艺术家在白庙村老村进村 200 米路面两旁,通过墙绘和装置艺术进行艺术介入乡村活动。此次艺术介入对白庙村的面貌进行了提升,并建立了白庙村第一个文献馆。白庙村的艺术活动主要目的是试图将公共艺术介入到乡村中,并对乡村产生影响,重新架构艺术与乡村之间的关系。

2. 新宣传画运动

新宣传画运动由广州美术学院美术史系李公明教授发起,他认为艺术家要从遗产保护与农村改造等方面对乡村进行介入,应该对农民生产方式或生活方式有直接的影响,对于艺术介入乡村不应该单从教育计划、艺术项目等方面进行，这只是形式上的介入，并没有从村民主体上进行考虑，应该从村民利益和角度进行考虑，让艺术介入乡村具有社会性质。2004年李公明举办了"呼唤社会正义与公平"活动；2007年，李公明带领他的新壁画工作小组进入到广东阳江地区阳江县进行艺术创作，用人民较易接受的、通俗易懂的绘画语言把新宣传画带到了农村，通过自下而上的方式对农村建设问题进行表达，从而吸引外界对农村建设问题的关注，并共同进行探索。

3. 雨补鲁村"艺术介入乡村"

雨补鲁村位于贵州省兴义市清水河镇，2016年4月，中央美术学院雕塑系第五工作室在雨补鲁村开展"艺术介入乡村"的乡村实践。第五工作室首先对雨补鲁村从自然场域环境、聚落的发展历史与现状、原住民的群体状态以及原住民的生活生产方式进行深入调研，并根据雨补鲁村现存的问题进行考虑，通过艺术对乡村场域进行干扰，并采用了"事件"与"物件"共同介入的策略。"事件"介入主要开展了"物尽其用——盆景计划""物尽其用——'衣'旧出彩""场域扰动计划"等活动，前两个计划主要针对村民家的闲置物品进行盆景与布艺的设计，在这过程中，村民参与制作。并通过摄影媒介对村民的日常生产生活进行记录，在晚上进行播放，让村民认识到自己的主体性，加强了村民之间、第五工作室与村民之间的联系。"物件"介入主要在乡村空间进行艺术创作，创作的形式为绘画、艺术装置等形式。通过艺术介入乡村，雨补鲁村的乡村面貌得到了很大的改善，并吸引了外界对雨补鲁村的关注。

（二）艺术入驻型

"艺术入驻型"模式主要是艺术家通过艺术的手段长期驻守乡村，主要的手段有在乡村发展民宿产业、文化产业，乡村环境整治，建造美术馆，长期举办艺术节庆和举办艺术展等。"艺术入驻型"模式对乡村的影响持续力较强，但缺乏对村民利益的考虑。

1. 日本越后妻有大地艺术祭

越后妻有地区位于日本本州岛的新潟县南部，760平方公里，距离东京大概2个小时的车程。1996年，新潟县政府邀请知名策展人北川富朗进行当地艺术节庆活动的筹办，通过节庆活动的举办吸引人流，活化村庄。艺术节中内容有绘画、装置、雕塑、展览馆，以及社区中心等建筑作品形式创作。至2000年起，越后妻有每三年举办一次艺术节庆。艺术节的举办，为当地吸引了大量客流，给当地创造了大量的就业机会并带来了巨大的经济效益。

2．莫干山计划

莫干山计划的所在地为浙江德清县莫干山山区。2011 年，设计师朱胜萱通过在莫干山山区进行乡村改造，引入了生产生态生活三生一体的建设模式，在莫干山打造农垦、乡居加集镇的乡村生态圈。基于三生一体的建设模式，设计师朱胜萱主要设置了清境原舍、清境农园、庾村文化市集三个项目。这三个项目根据自然生长的雏形进行布局。清境原舍的功能为民宿，通过建筑的在地化设计，达到建筑与环境的和谐并具有当地特色，营造浓厚的乡村农家氛围。清境农园由于恶劣的土地情况无法种植，首要解决的是恢复土地产能，对于清境农园的处理是先用一年的时间对其修复，让其休耕两年，待其具备种植条件后，采用自然农法种植，并相应地种植玉米、秋葵、红薯等农作物。修复后的农园，不仅恢复了农业生产，同时其良好的生态景观衍生出了许多其他附属活动，带动了当地的经济发展。庾村文化市集位置在莫干山镇里，庾村文化市集主要功能为交易，同时还赋予文化性质，对于当地的文化以影像形式进行展览，在这场所里发生日常交流互动、文化交流等活动。通过交流激发活力，并凸显当地文化价值。莫干山山区通过设计师朱胜萱的改造后，依赖于景区的优势，已重新激活起来。

（三）艺术合作型

"艺术合作型"模式主要是艺术家与村民共同参与乡村景观的建造，改善乡村景观环境，促进乡村发展。在艺术内容的创作中，艺术家充分发挥村民的能动性，并从村民的角度出发，创造在地性的艺术作品。

1．芬兰菲斯卡艺术村

菲斯卡艺术村位于芬兰赫尔辛基西侧，在 20 世纪 80 年代，菲斯卡村由于产业的转型，村民相继离开，遗留下许多空置的房屋，逐渐面临着消亡的危险。菲斯卡村以其独有的环境和老建筑吸引艺术家来此入驻创作，并逐渐发展起了附属的配套设施。该村的发展是村民与艺术家共同合作推动起来的，在这过程中，村落既没有得到公共资金的投入，也没有得到政府的资助。整个过程是自下而上的模式。

2．非常艺术小镇计划

非常艺术小镇计划是艺术家黄药、传媒人陈晓峰、艺术策展人张广辉共同在南京市高淳区金山下村发起的活动。金山下村紧邻高淳国际慢城，西北方向为石臼湖，景色优美，交通便利。

非常艺术小镇主要对乡村民俗文化进行介入，对乡村民俗文化与艺术进行结合。非常艺术小镇主要内容为艺术景观的营造、公益性艺术项目、乡村餐饮的特色化改造、艺术创作区、艺术家民宿与创意客栈聚集、艺术家实践基地、乡村酒吧、茶品空间、绿野轻食餐厅等休闲空间、环保智造项目、地景观赏区、新民俗文艺开发等。此计划倡导"人人都是艺术家、人人都是生活家"的理念，是艺术家和居民共同携手，使艺术介入乡村改造的计划。

四、艺术介入乡村景观建设的原则

（一）在地性原则

在地性强调艺术介入乡村景观要与当地的自然环境、风俗人情、生产生活、乡土文化相和谐、相关联。在地性要求设计师或艺术家要对当地文化进行深度的考察，充分考虑乡村的特定环境，与村民深度沟通，充分考虑村民的审美评判标准等。

在艺术介入乡村景观中，设计师或艺术家通过对于乡村文化深度挖掘，并与村民互为主体，遵循在地化原则，进行作品设计，这样的作品才能够被村民接受，与乡村环境取得和谐。

（二）生态保护性原则

在乡村建设规划中，应遵循生态保护性原则，避免无限制地破坏乡村生态而求发展，应该结合生态走绿色发展道路。如在进行乡村建筑设计时，就地取材，用当地的材料进行房屋建造，既节省经济成本，又不造成资源浪费。

（三）参与互动性原则

乡村的主体是当地的村民，村民是乡村构成的重要角色。艺术家或设计师在设计作品时，应该调动村民的积极性，让其参与进来，增加村民与艺术家或设计师的交流，设计的作品能够与人产生互动，作品也能够被村民接受。艺术介入乡村景观时，遵循参与互动性原则，避免艺术家或设计师个人情感的表现。

（四）文化乡土性原则

乡村文化是中国传统文化的根底，为中华民族提供丰富的精神滋养。乡村文化是中华民族宝贵的财富，对于乡村文化的保护传承是艺术介入乡村景观的精神与内核所在。通过对乡村文化的建设与复兴，将乡村文化记录与研究，并将乡村文化资源通过某些手段转化为经济手段。

在艺术介入乡村景观中，首先对于当地乡村文化进行调研与记录，遵循文化乡土性原则，对乡村文化进行保护与转化，通过文化资源来带动乡村经济发展，避免同质化竞争，也为乡村的内持续力发展提供珍贵的资料来源。

（五）新旧共生性原则

"新"与"旧"是相对的概念，"新"是对于"旧"而言，"旧"并不代表过时的，而是指事物经过时间的累积，具有历史感、年代感。共生是指新事物与旧事物能够和谐、协调，两种对立的事物能够融合，两者的差异性削弱，创造两者的融合性。建筑风格能代表当时的年代感，具有地方特色。现代村民生活水平提升后，需要重新建造房屋，在建筑样式容易受"洋房"等外来品影响，新建房屋样式脱离原始乡村风貌，与周围老房子显得格格不入，使乡村风貌大打折扣，甚至不伦不类。艺术介入乡村景观时，应遵循新旧共生性原则，引新于旧或者是涵旧于新。新旧共生原则对于乡村风貌进行把控，既不丢失本真原色，在建筑功能上又能满足现代村民生活需要。

五、乡村自然景观的艺术介入

乡村景观是乡村自然景观与乡村村民依据生活生产需要对其进行改造形成的具有地区自然景观特色与文化特色的景观综合体。它既不同于乡村自然景观，具有明显的边界特征，又能融于周边环境。艺术对乡村自然景观的空间特色发展具有积极的作用，艺术介入乡村自然景观时，应遵循乡村的地形地貌，对乡村自然要素进行强化，并通过艺术的手段塑造良好的自然景观格局。

（一）乡村大地艺术景观表达

地景艺术表达是艺术家在乡村利用自然山体、水、石材、土地等自然物质进行的艺术表达形式，地景艺术通过挖掘、构筑和着色等工程建构的手法改造乡村景观环境，具有强烈的景观视觉效果。艺术家通过艺术表现，将艺术实践参与到大地景观中，通过对环境艺术的创新来表达乡村自然的景色，所用的创作材料均来自于自然元素，创作的形式与内容并不会对自然产生破坏性的影响。

艺术家通过对于乡村自然景观进行艺术创作，在创作的过程中，利用当地的自然资源，来构建人与自然的关系，并重新让人关注人与自然之间的关系，丰富乡村美学。比如在2003年越后妻有大地艺术祭中，艺术家田甫律子创作的《绿色别墅》作品，在乡村大地上进行艺术创作，表达了人与自然交互的关系。在这个艺术作品中，人与自然相比是如此渺小，艺术将人与自然之间的联系可视化地表达了出来。

（二）乡村水系景观感知

水是生命之源，自古以来，乡村村民依水而居、依水而建，乡村生活生存都离不开水。乡村除了对于水的生活生产需要，在乡村中还衍生了许多关于水的传说、民间故事等文化内容，比如《西门豹治水》。乡村村民利用水系，用以洗衣、洗菜、灌溉等，水系场所成为乡村交流沟通的日常场所，构成了乡村社会关系的重要纽带。随着乡村生活水平的不断提高，乡村水系从生活生产需要逐渐向景观视觉需要转化。乡村水系有不同的表现内容，比如瀑布、溪水、河水等，这些不同内容影响着人们的感知，主要表现在视、听觉方面。在视觉方面，瀑布由上向下倾泻的形态，具有强烈的视觉冲击感，让人联想到壮阔、气势磅礴；河水的碧波荡漾，让人联想到婉约。在听觉方面，流水潺潺、滴水叮咚的声音的差异也会形成不同的景观感知。乡村聚落也大多是沿乡村水系发展，这种依赖于乡村水系的生存形式一直延续，并由生存需要衍生为视觉需要，并以此种方式作用于自然景观中。

乡村水系在乡村主要为原始自然的形态，更多是起着生产生活用途。乡村水系是天然的原始景观，也是乡村社会体系的重要影响元素。随着村民生活的日益提高，人们逐渐追求于生活的景观性、精神性表达。但村民对于乡村水系往往只停留在水系的片段、表层的概念，艺术家具有对物质挖掘内涵、赋予文化、转化内容，并以新的形式表现出来的能力，艺术家通过对水的形态、声音进行介入，并结合水系带给人的不同感知进行创作，营造符合乡村村民精神上、生活性的景观作品，使乡村水系景观与乡村环境、生活相互影响、相互映衬。比如在江苏昆山计家墩村中，设计师在乡村水系的营造中，利用人的亲水性以及乡村水系衍生的潜在社会性交流属性，打造了乡村水上集市。乡村水上集市的打造，以水为媒介，对水系进行介入，设置多处亲水平台，加强村民与水的接触，营造乡村水系景观特色。

（三）乡村植物景观展现

乡村植物是乡村重要的景观元素，主要受气候、区域影响。不同区域的乡村生长着不同的乡村植物，乡村植物在乡村地域环境中具有显著的地域性。通过对乡村植物的运用，可以削弱乡村硬化建设的冰冷感、边界感，并且可以营造乡村恬静的氛围与静谧的意境。乡村植物景观除了美化乡村，还可以增强乡村地域性特色的氛围。在乡村景观的营造中，在对乡村植物栽种时，应凸显乡村地域特色，采用具有识别性的乡村植物在乡村主题场景中进行种植，使景观更具地域性。比如在西河村中，村民在门屋前栽植当地的植物，美化了乡村，同时还具有当地的自然特色。乡村植物种类丰富，而且养护成本低，在乡村景观营造中，对于乡村植物的选用与种植，可以很好地减少乡村植物的维护成本。在乡村景观营造中，艺术家或设计师通过对乡村植物的特性进行分析，从乡村植物的色彩、形状、特性、后期的生长效果等方面，在乡村不同的场所进行种植，并遵循乡村地形结合相应的艺术载体进行表达，实现乡村视觉景观提升与特定场所氛围营造，丰富了乡村植物美学。

乡村植物景观不同于城市植物景观，乡村植物景观的地域性会加深人们对于乡村的印象，引发人们对于乡村的记忆，比如乡村常见的狗尾巴草，会让人们浮想起小时候围绕狗尾巴草发生的活动。艺术家通过对于乡村植物景观的干预，可以表达出新的含义，引发人们对于乡村自然的反思。比如中央美术学院雕塑系第五工作室在雨补鲁村的艺术实践中，用当地的砖砌在树的周围作为树的保护皮，以强护弱的对比引发人们对于生命、自然的思考。

（四）乡村夜晚景观

随着乡村旅游发展体系的逐渐完善，对于乡村资源的利用逐渐渗透于乡村的方方面面。乡村夜晚景观也是乡村景观的特色，星星、明月的柔光洒在乡村宁静的村落中，伴随着蛐蛐、青蛙等小动物的叫声，乡村夜晚氛围更加静谧、温馨。城市的喧闹、声光污染、工作的压力等，使生活在城市的人想要逃离城市，找寻一个安静的地方让心沉静下来，乡村的夜晚景观对于生活在城市的人而言，具有吸引力。因此，对于乡村夜晚景观的利用，是乡村旅游发展的重要内容。在乡村夜晚景观的营造中，应根据动静关系进行分区设计，动区主要针对乡村夜生活的营造，设置在乡村居住区域以外，比如乡村活动广场、乡村戏台等地方，减少动区对乡村居住生活的影响；静区主要设置在乡村稻田、乡村居住区等地方，通过设计相应的设施来欣赏乡村天然夜晚景色，比如赏月区、观星台等。在乡村夜晚景观的动区营造中，结合乡村活动内容进行设计，设计柔和的灯光。通过多媒体艺术对乡村夜景进行介入，比如乡村露天电影，以此来丰富乡村的夜生活。

在乡村的静区营造中，可以利用星星、月亮等天然的夜晚景观，在静区配置相应的设施，给在静区活动的人群提供观赏设施。比如在西河村中，为了充分发挥乡村夜景，设计者在村内适合观赏星星、月亮的区域设计了星空帐篷，在星空帐篷中，人们躺在在帐篷里面可以观赏到璀璨的星空、明月。艺术家通过多媒体艺术介入，运用灯光、艺术装置、雕塑等艺术载体进行乡村夜晚景观营造，实现科技、艺术、光影的碰撞与融合，实现乡村与科技、艺术的协同发展。比如在浙江安吉蔓塘里"大地之光"艺术公社的项目里，通过对灯光的运用，发展乡村旅游，丰富乡村夜色景观内容，带动乡村发展。

六、农业生产景观的艺术引入

（一）农田艺术景观的呈现

乡村经济以第一产业发展为主，经济收入通过种植农作物获取，乡村农作物主要以生产性为主。随着我国乡村旅游的到来，冲击了传统乡村产业结构，乡村产业逐渐丰富。乡村通过丰富乡村景观内容，发扬乡村文化，打造乡村景观特色，从而吸引游客来乡村进行旅游消费。农田是乡村种植物的主要载体，农田景观是乡村景观的重要部分。传统农田景观通过大面积种植农作物，以农作物的色彩进行景观表达。但传统农田景观具有颜色单一、内容单一、景观性弱等缺点，主要还是以生产性为主。

农田艺术景观是乡村农业景观的升级版，在原有基础上进行景观性的提升，实现景观、生产同时发展。农田艺术景观创作基础为大面积的农田，创作面积较大，艺术家需要有宏观的把控能力，才能有效地进行农田景观艺术创作。农田艺术景观创作主题多样，有的是对乡村场景的表达，有的是对美好生活的表达，有的是对国家美好乡村政策的表达等等。农田艺术创作手法为对乡村农作物进行选择，并通过色彩、疏密、形式等方面综合表达，按照主题以及预期效果要求进行种植，在种植的过程中，农作物会受到气候、雨水等影响，农田艺术景观的效果也会因此受到影响。

艺术家介入乡村农田景观，通过以农田为画布，农作物为画笔，根据相应的主题进行艺术创作，从而打造农田艺术景观。比如在利用水稻进行稻田艺术景观创作时，艺术家首先确定好稻田艺术景观的主题，并针对主题进行水稻品种的选择，然后根据预期展出的时间在合适的时间种植水稻。通过水稻的色彩、层次进行艺术创作。在创作的过程中，水稻的生长会逐渐随时间而变化，会让村民具有期待感、参与感。农田艺术景观丰富了乡村景观内容，促进了乡村旅游发展。

（二）农作物创意景观小品搭建

乡村农作物是乡村生产的特色产物，具有浓厚的乡土气息。村民在对农作物果实收割完成后，对于农作物的剩余部分一般闲置或扔掉。农作物创意景观小品是在乡村资源回收利用的基础之上，利用废弃的农作物进行艺术化利用，形成具有景观性的物品。农作物创意景观小品具有美化乡村环境、活化空间并增加空间趣味性的作用，乡村空间因农作物创意小品的放置，变得充满活力。同时农作物创意景观小品具有环保性的特点，其创作材料来自于乡村农作物，并不会对环境造成污染。

艺术家通过对这些农作物进行艺术手段处理，结合乡村主题表达，将乡村农作物进行解构、重组，创造成具有艺术形态的创意景观小品。农作物创意景观小品放置在特定的乡村场所中，融于乡村环境，成为乡村景观环境的一部分，兼具乡村特色，吸引游客。比如稻田的稻草人艺术小品，艺术家对稻草或秸秆进行编织、修剪和搭建，设计成多种多样的景观小品，形成独特的造型效果。

（三）农用器具乡土氛围营造

我国传统农耕文化源远流长，随着时代的变迁与科技的发展，乡村面貌、农业生产发生了巨大的变化。由传统用牛耕地变为机械耕地，由传统的人工种植变为现在的机械种植，传统农耕生产方式渐行渐远，乡村生活条件得到了显著提升，但优秀的传统农耕文化精神仍需要我们去传承，告诫后人今天的美好生活来之不易，我们应该珍惜当下，时刻向先民学习奋斗，将农耕精神运用于现在的生活之中。

传统农用器具是乡村生产用的工具，反映了当时乡村生产时的条件状况，具有乡土性与历史性。传统农用器具是传统农耕精神的物质载体，随着科技的发展，乡村农用器具进行了更迭，传统农业器具不能满足现代的农业生产效率，逐渐遭到了淘汰，并闲置在乡村居民家中。在乡村景观设计中，通过农用器具的景观运用，可以很好地传递乡村精神意象，营造乡土氛围，建立起游客与乡村景观的情感联系。

艺术家通过对农用器具元素进行提取，并将这些元素进行提炼、集萃、运用，与小品结合或用于场景打造，形成农耕时代的氛围。比如在郝堂村的景观营造中对乡村石磨器具的利用，将石磨、植物、水进行组合，形成了新颖的乡村景观小品。同时在乡村氛围营造上，通过对乡村农用器具与建筑结合，成为建筑装饰，农用器具的意象渲染了乡村农耕时代的氛围。

第五节　基于乡村建筑变迁的思考

党的十九大报告生动描绘出"乡村振兴战略"这一顶层设计蓝图，为乡村的发展与兴盛注入了活力，乡村建设受到前所未有的关注。在物质社会急速发展，城市化、现代化持续推进，差异性文化不断交融碰撞，同时各类矛盾充斥并渐趋异变的时代，乡村建设是否具有生命力，能否实现既定的计划和目标，并非取决于建设资金的大量投入和社会关注视角的转换，也较少受乡村建设示范点密集对外宣传的影响，真正取决于乡村传统文化和生活秩序的保留以及对农民主体性的尊重。在浮躁且同质化的文化氛围中，既能留存乡村鲜活的文化特质，又能顾及农民的主体意愿和创造性，必将成为乡村建设的应然路径选择。笔者试图以乡村建设中农民房屋建筑从"匠心独具"到"千村一面"，再到"自厝同异"的变迁脉络为视角，反映乡村传统文化与城市主流文化的互动和对立，以期深刻揭示当前传统与现代建筑背后所存在的多元矛盾。

一、乡村建筑的变迁路径

（一）匠心独具：文化积淀与特质性孕育

乡村社会早期的封闭性为特质性传统文化的生成和孕育提供了土壤。一个健康有序的乡村社会肌体，离不开传统文化的新鲜血液灌注。缺少传统文化的乡村社会是了无生趣的，现实中的每一个村落都体现着当地的传统文化、建筑艺术和村镇空间格局。可以说是传统文化塑造了乡村，而不是乡村建构了传统文化。传统建筑是一种艺术形式，更是一类"匠心独具"的文化表达。传统建筑承载着农民对自身文化的理解，含着智慧、理性、传承、福祉等美好隐喻。在与自然的融合、平衡关系中，逐渐积淀、发展、创新，最终形成自己浓郁的特色，反映特定乡村风貌。例如，贵州黄果树镇石头寨村凭借传统石头形制建筑构造闻名遐迩，这一特质性建筑形式在当地已有 600 余年历史，得益于当地农民对石头的自然崇拜文化。村寨整体建筑由不同石料材质堆砌铺就，鳞次栉比，错落有致，层层叠叠。石头建筑的屋顶由薄石片铺搭形成，每一块石片形质均匀，经人力加工塑成外形比例相当的长条形或者正方形。以此为基料，石片间相互覆盖堆砌。村内很早就流传"无石不成寨，没水不落家"的说法。经过农民世代传承以及不断创新改进，传统石头建筑便成为一种反映地方风俗和族群风貌的传统文化载体。除了石头寨村，还有贵州镇远县爱和村、肇兴镇侗寨、从江县岜沙村等村落，都以木质结构建筑为特色。特别是苗族人聚居的村落，因为苗族祖祖辈辈都崇拜树木，视树为神。村内的树木除非修建居住房屋，不得随意砍伐，砍伐之前也须进行一套程序烦琐的仪式。苗族人去世后不立墓碑，以树为碑，直接埋葬在树底下，他们信奉树神能够祛除邪恶，庇佑子孙。苗族人住所都是木料搭建的，俗称"木头房"。

　　传统建筑的建造一般就地取材，无论是石头房，还是木头房，建房所需材料都源自大自然的馈赠，房屋得以建成离不开农民生存智慧，但最实质的还是这些传统建筑背后所承载的异质性文化。建筑是文化的承载体，是传统文化的有形表达。传统建筑的特质性象征着文化的多样性与可识别性，不同类型的传统建筑背后都潜藏着差异化的文化认知，这些文化认知的产生源于环境的改造，以及农民对世代生产生活所流传下来的经验、观念、习惯的抽象化、理念化。传统建筑的"匠心独具"反映出农民对自身的文化理解与文化积淀，是对特质性乡村文化的最佳诠释。

（二）千村一面：文化交融与同质性转向

　　然而乡村特质性建筑却在 20 世纪八九十年代文化交融的大背景下快速消逝。村庄内的农民开始陆陆续续拆毁过去世代流传下来的传统建筑，取而代之的是附着有现代气息和标志的平房或楼房。这主要包括两类农民群体：一是在外打拼务工然后返乡的农民工群体；二是田地被征收获得高额补偿的农民群体。这两类群体的共同特征是都属农村中的富裕阶层，经济上比较宽裕，手中有一定闲钱。因此，他们模仿城市水泥建筑风格与材质修建了平房，想在农村就能过上城市样态的生活，这也成了农民生活水平普遍提高一种标志。尤其是在1993 年市场经济体制确立后，城市因为发展需要大量劳动力，国家政策做出调整，人员的流动限制被放宽，人口的区域限制被打破。大量农民前往城市打工，寻求改变命运、赚取财富的机遇。城市的工作收入确实也远高于农村农业收入。很多农民年轻时进城务工，到年老时再返乡养老，积蓄了一大笔可观财富，这成了他们对传统建筑进行大规模、大范围现代化改造的动因之一。同时，城市漫长的务工经历也使他们早已习惯居住城市水泥式建筑，而对传统建筑则逐渐冷淡，失去感觉。

相比传统建筑，作为城市现代化象征的平房或楼房在农民眼中具有传统建筑无可比拟的优点。例如，从满足心理需求的层面而言，实现了农民想要过上幸福富裕的好日子的主观心态，获得了一种优越性和精神上的满足；从建筑选材用料以及安全性层面而言，砖瓦（水泥）结构用料相比传统建筑木质、石质等结构用料更为稳固，传统建筑难以抵御高强度的自然灾害，也容易坍塌以及引发火灾，而现代建筑通过水泥粘合，安全性高；从生活改善的层面而言，更容易保持卫生清洁，内部装修也较为精致美观，传统建筑则没有这些优势。

归结起来，农民推倒、拆毁特质性的传统建筑建造同质化的平房，原因主要有三方面：

（1）乡村已不再封闭，农民常年受城市文化的熏陶感染，逐步形成对传统文化排斥、对城市文化接纳的反向效应。客观上表现为城市文化的强势性影响与传统文化渐趋式微的鲜明反差，传统文化的发展空间已经被具有强势性、侵略性、塑造性的城市主流文化挤占压榨。这从农民大规模拆除旧建筑、营造新建筑可见一斑，其实质表现为农民价值观念的转变，追求美好生活、向往美好生活成为文化变迁的内生动力和心理基础。

（2）就实用价值而言，平房相较传统建筑更显合理与优越，实用性更高。

（3）在村民心中，现代建筑象征财富与身份，在农村盖起平房或楼房是一件"有面子"的事情，表明赚了钱或者家境殷实。在多重因素作用下，农民的思想趋向市场化和功利化，对于难以直接产生经济收益的传统建筑缺乏保护意识，而是想方设法通过拆除传统建筑、建造新住房以彰显其经济地位。随着社会飞速运转，原来形成的传统意识、文化和信仰的环境、背景基础发生了改变，当其难以满足人们日益增长变化的需求时，人类探求目的与行为间的关联性问题的意义就不大了。就这样，传统建筑类型开始式微与没落，代之而起的是一座座同质化的、失去传统特色的现代化建筑。

（三）自厝同异：利益博弈与异化性生成

实际上，在党的十九大提出"乡村振兴战略"之前，国家早已着手推进传统村落发展与建设步伐，并将重点放在对村落生态以及文化遗产的保护上。例如住建部、文化部、国家文物局、财政部 2014 年 4 月印发了《关于切实加强中国传统村落保护的指导意见》，加强对村落的保护工作。各地方也相继出台了相应的传统村落的保护条例、保护办法，有省一级的、市一级的乃至县（区）一级的，传统村落保护体系逐渐完善。地方政府基于发展地方经济、提升政绩、增加农民收入、保护环境等多种因素考虑,偏爱对乡村进行生产性、产业化保护,多进行旅游产业开发,发展乡村旅游经济。

要想发展旅游产业,吸引外地游客前来消费,进而促进经济发展,必须要保留、打造特质性文化,而乡村建筑正是特质性文化最佳的载体与最立体的呈现。地方政府要发展旅游,关键在于打造有新意、不拘一格、与众不同,能够对游客、消费者产生吸引力的乡村旅游业。"千村一面"的同质化建筑风格不利于乡村旅游的发展。地方政府通常试图营造一个"真实的"、具有浓郁文化特色的乡村面貌,因此,他们会逐步介入乡村建筑改造,核心任务就是实现现代建筑向传统建筑的回转与复原。笔者调研发现,贵州黄果树镇石头寨村最出名的传统石头建筑已经所剩无几,大部分农民已经住上了水泥材质的平房或楼房。为发掘石头寨村旅游资源,发展当地旅游产业,就必须恢复特质性传统石头建筑,但对已建成的平房又不能采取强拆等侵犯农民财产权益、激化矛盾的处理方式。因此,地方政府采用折中的办法对已建成的现代建筑进行一番"伪装"。现在,石头寨村村内近乎所有的传统石头建筑都是当地政府"包装"出来的。通过在平房的水泥墙外贴上石头纹或者石头式样的瓷砖,屋顶则用石头式样的板状物铺成,从表面看与传统石头建筑无异,以此形成了人们眼中从"千村一面"到"匠心独具"的回转。

对于现代建筑的"复原"改造,农民是有质疑的,主要是对改造后的建筑样态并不满意:一是房屋内部结构仍然是水泥材质,但房屋外墙面却铺上"传统"的瓷砖,内外形成鲜明对比,欠缺美观;二是部分建筑在改造过程中发生异化,呈现二元类型结构,即建筑上下分为两部分,上面的部分是传统类型的建筑样态,下面的部分是现代类型的建筑样态,混搭组合在一起,显得不伦不类;三是为呈现建筑传统效果而拆除、替换屋顶原有的水泥材质,破坏了整体建筑结构,容易发生漏雨、开裂等危险隐患。

地方政府对乡村回归特质性的政策安排和农民对同质性现代建筑的深层次认同以及对有关政策的质疑一直贯穿乡村建设的始终,双方在建筑改造过程中不断博弈,同时在某些方面又不得不做出妥协与让步,最终造就了异化性"自盾同异"矛盾体的生成。

二、乡村建筑变迁的矛盾与博弈

从乡村建筑变迁的路径分析可知,地方政府与农民之间的矛盾呈现多元状态，具体表现为审美矛盾、文化矛盾、发展矛盾以及认知矛盾。

（一）审美矛盾

"千村一面"真切反映出特质性（传统）乡村建筑变迁的基本趋向与路径，而这种变迁路径正是农民审美认知嬗变的实践结果。农民的现代性审美与地方政府的特质性审美"格格不入"，在农村房屋修构的模式与类型上，呈现出农民审美认知与政府审美意向的偏差。平房与特质性建筑，正是农民与地方政府之间审美观念矛盾、冲突的特定具象化。农民毁弃世代居住的传统建筑而修建现代建筑，是对现代生活与新鲜体验的追逐和向往。而地方政府却持不同见解，从不同认知角度出发，政府认为农民塑造现代建筑的行为是基于错误审美认知的，是对美好事物与物质遗产的"糟蹋"和"破坏"。"千村一面"的现代建筑枯燥乏味、单调失色，是对世代沿袭的传统乡村文化的整体性破坏。"千村一面"与"独具匠心"，农民与地方政府对建筑类型的不同认知和态度，实质反映出两者审美观念的深层次矛盾。

（二）文化矛盾

农民的文化自觉被外在环境以及现代性城市因素影响，致使对传统文化载体的价值认知缺失。当前，农民对特质性建筑等传统文化载体的认知受到外在环境变迁、文化多元并存、实用主义和功利主义观念扩张等因素影响，造成农民自身传统文化认知和归属的困境，缺乏基本的文化自觉。乡村人口的城市性流动进程导致与本源性传统文化长期形成疏离关系，城市主流意识文化不断侵蚀、控制进城务工农民内心的传统文化认知空间。务工返乡后，农民对世代传袭的传统特质性建筑保护和建设的主动性将转化为仅仅会被动地接受传统特质性建筑的修葺和维护，其愿望是重新构筑与现代城市水泥建筑相一致的房屋类型。从传统文化的承袭视角而言，传统特质性建筑的修葺与重建不单纯是一项建筑工程，更多地承载了特定民族、特定地域、特定村落的历史文化意蕴。无论是特质性建筑的修葺步骤、建筑外观抑或是建筑本身所具有的象征性功能，都蕴含着乡村社会得以维系的文化内核与早期乡村原住民、先辈从古至今流传下来的生活理解和智慧。但是，伴随着城市化进程的提速，农民的价值观与思维方式发生了显著变化，城市生活方式与现代文化逐渐被农民认同和接纳，对于其自身的传统习俗认知却渐行渐远、逐步淡化。从地方政府视角看，农民日常劳作居住的特质性传统民居（建筑）作为乡村传统文化的重要组成载体，同时也是发掘乡村旅游资源的一大卖点。为最大化发掘乡村旅游资源，促进乡村振兴，地方政府希望重新回归、保留乡村传统建筑的设计模型与风格，其中重要一环就是，必须使农民重新获得文化自信，回归对其传统文化的认知情感。

（三）发展矛盾

现阶段，大部分乡村建设均依靠当地异质性传统文化这一"金字招牌"以及各级政府拨付的建设资金发展旅游产业，以拉动地方经济增长。贵州的肇兴镇侗寨、从江县岜沙村、黄果树镇石头寨村即其中的典型代表。从乡村的自然环境以及历史文化底蕴乃至民族风情等特点而言，旅游产业开发是对原生态传统村落破坏最小、影响最小且是可持续的一种发展模式。但在具体操作过程中，却凸显出地方政府和当地农民之间的发展矛盾与博弈。

（1）利益分配失衡。纳入乡村经济增长的旅游收益大部分都是地方政府的税收以及开发商的门票、场地租金收入，旅游开发地的普通农民家庭收入并没有显著提高。

（2）农民基本权益难以得到保障。旅游产业改变了农民的喜好兴趣，影响农民的生活。

（3）政策不稳定给农民的经济收入带来不可预测性。地方政府为发展旅游产业，通过政策导向为农民带来收入的同时，也迫使农民对政府的依赖上升，农民的收入预期受国家乃至地方政府政策的影响过大。旅游业的发展打破了传统生活生产方式，尤其是因旅游开发的需要而被征收田地的农民。有关政策的推行迫使农民在农村过上"泛城市化"的生活，失去农田意味着必须另谋出路，重新寻求经济收入以维持生存，这就使他们更依赖政府的政策扶持，若政策调整，失地农民的生活将受极大的影响。

（四）认知矛盾

部分农民对地方政府推进回归传统、回归特质性建筑的做法，内心是有怀疑、排斥甚至抵触情绪的，在实践中体现为不配合地方政府的房屋改造政策。实际上，这也与农民对地方政府缺乏基本信任有关。村委会是农民心中政府的"驻村"代表，乡政府对村委会的工作进行指导，并赋予村委会一定的行政管理职权。乡村内部的事项，事无巨细皆由村委会决断。在日常村务管理中，一旦村委会未能体现出其作为"农民利益捍卫者"的正面形象，未能将民主、公开、公平作为基层治理的价值取向，在诸多涉及农民重大利益的问题上，若村委会所做决定缺乏公开透明，便会失去公信力，这样村委会所做决定的效力与执行力就会大打折扣。一旦村委会失去公信力，这种不信任波及政府其他工作的开展，而地方政府对乡村建筑所进行的大刀阔斧改造正是其中的典型表现。农民潜意识地认为，地方政府对其修建的平房进行外观改造甚至拆除重建，是既得利益者的逐利行为，其目的是想借保护传统文化之名，行套利之实，从中渔利。在这个过程中，地方政府没有站在农民的角度和立场上考虑他们的感受，征询倾听他们的意见，这在一定程度上侵犯了农民的知情权和财产权。由于农民基于对地方政府决策的不信任所产生的认知上的错位，连带性地波及政府的其他乡村建设工作，主要体现在农民不配合、不理解、不支持政府的各项乡村建设与规划，致使地方政府工作开展艰难。

三、谁的乡村建设

现阶段乡村建设的主要问题在于，农民主体性丧失或者说农民主体意识消解。地方政府所推行的是一种建构性的乡村建设，农民是被建构的对象或者客体。地方政府作为建构主体替代了理应作为乡村建设主体的农民而做出诸项重大决策，涉及农民的财产权、发展权、文化权等重要权利。作为乡村建设的最大利益相关方，农民的民居建筑、山林田地、生产生活等均随着建设的推进而受到关联和影响，乡村建设最大的获益者是广大的农民群体，而利益最易受到损害者同样也是他们。因此，乡村建设更应当关切、了解、照顾乡村主体——农民的想法，乡村建设的话语权与决定权应掌握在农民手中，政府所做决策要及时回应农民的诉求。无论是城市消费者休闲情趣、城市中产阶级情感依托、开发商的投资回报抑或是地方政府发展经济凸显政绩，都必须让位于农民生存利益与自主权利。在农民生存利益面前，其余乡村建设参与方的利益诉求都是派生的或者衍生的，农民的生存利益是基础、是根本。但是事实上，农民的许多意见并没有得到倾听，他们基本上处于"失语"的状态。

地方政府伴随着科层控制的行政模式与上行下效的行事方式，同时也面临着政绩考核与职位升迁的内生压力，偏重于对上级指示的贯彻以及对卓越政绩的追求，相对忽视农民的切身利益。面对当前乡村建设过程中所呈现的民居建筑同质化现象，地方政府习惯性通过"他者"视角来审视，并没有站在农民主体的角度考量。对于农民而言，地方政府、开发商、城市中产阶级、市民消费者等乡村建设的参与方或者利益相关方都是"他者"。"他者"普遍对乡村建筑的同质化现象持消极态度，将其原因归咎于城市主流文化的侵蚀以及市场经济思维的渗入。普遍认为，随着改革开放不断深入，民众的"文化自觉"在近些年有了很大的提高。在当前文化交融日益加速的环境中，农民的价值观念发生了巨大的变迁，农民开始主动适应城市化节奏，对现代化生活、对城市主流文化形成一种向往，并不断适应时代、适应环境。城市文化中所暗含的拜金主义、享受主义、重利主义等价值倾向颠覆了农民对自身传统文化的情感认知和坚守，而城市生活方式被农民刻意模仿，曾经引以为豪的传统文化习俗被当作落后、封建与蒙昧的象征被无情抛弃。这些变化所产生的效应是，乡村中许多特质性文化日渐衰颓，甚至彻底被摧毁。

地方政府阻止农村建筑同质化的理由是多样的，包括保障农民生存利益、保护传统文化、发展地方经济、提升政绩以及迎合外来投资与城市中产阶层，等等。但同时，也应当注意到，地方政府所采取的反同质化策略、行为没有照顾作为乡村建设主体的农民的深切感受、诉求和利益。

当今社会，传统的与世隔绝的乡村空间已然不复存在，乡村社会越来越开放。农民所要面对的，除了多元文化和不同的价值观外，还有利益需求上的不同。在不同文化的交织碰撞之下，农民，尤其是农民工返乡群体多认为，仪式烦琐甚至有些愚昧无知的乡村传统与习俗，是禁锢、束缚他们思想与行为乃至是阻碍他们实现美好生活的"罪魁祸首"，这直接导致传统文化分崩离析。地方政府虽极力恢复传统建筑与文化生态，但政策行动的出发点还是为了追求经济收益与增长，表面似乎强化了传统文化的色彩，实质却未能让农民回塑对其自身文化的认同。

国家必须强化农民在乡村建设中的主体身份，使其不再"失语"。那么，怎样才能重塑农民在乡村建设中的主体性，合理推进乡村建设呢？

第一，坚持基层民主。民主既要有由民作主的勇气，也要有为民作主的担当。要健全基层民主制度，将话语权交还给农民。对于关乎农民重大切身利益的乡村建设，要充分贯彻民主集中制的原则和优势，不仅要让农民敢于说话、勇于说话、乐于说话，而且也要确保农民意见能够集中为决策者所掌握，并得到及时回应，注重体现民情，反映民意，维护民利。

第二，发挥党委引领作用。地方各级党委应把握乡村建设的发展大局，发扬领导、示范与引领作用。在乡村建设中应充分发挥党"统揽全局、协调各方"的领导核心作用，牢固贯彻"情为民所系、权为民所用、利为民所谋"的为人民服务的宗旨，真正做到想农民之所想，急农民之所急，切实维护农民在乡村建设中的发展权益。

第三，倡导乡贤辅助。乡贤是具有一定知识、名望与身份地位的"文化人"，他们能够凭借自身在生产生活、学习工作过程中所积累的知识、经验、人脉、技术，推动乡村建设的进程。乡贤生于农村，对农村有着真挚的故土情结，同时也最了解农民的困难、农村的问题所在。所以，应倡导乡贤辅助乡村建设，使其成为乡村建设的重要力量。例如，乡贤可以作为规范基层权力运行的制约力量，对地方政府涉及农民重大权益的决策起到监督作用，保障农民正当权利不受侵害。

第四，唤回文化认同。要注重培养乡村建设主体农民对其传统文化的充分认知，重新树立文化自信，使他们发自内心地认可传统文化的价值及合理性，在此基础上实现从文化自信到文化自觉的转换。例如可通过对农民进行传统文化的宣传教育，培养巩固其文化认同感与归属感，使他们主动担负起传承、建设、发展传统文化的重任。

第五，重塑文化尊严。应当重塑文化最基本的尊严，切实维护传统文化的生存空间，提升传统文化的地位与感召力，保持传统文化的独特性。人是传统文化的传承者与表现者，要想恢复传统文化基本尊严，首先必须要捍卫人的尊严与基本权利。因此在乡村建设中，必须维护农民的主体价值和尊严，保障他们生存权、发展权等基本权利，让其享有对乡村建设的自主权和决定权。

第六，建立制度保障。制度保障是农民权益维护的底线正义，也是确保乡村建设合理、高效、规范、可持续的重要依据。既可以通过制度规范约束地方政府在乡村建设中的用权恣意，限制开发商的无序开发、过度开发、超规开发，又可以通过制度确立农民生存利益的保障机制。例如可以建立政府与农民事前协商制度、政府与农民共同规划制度、开发商收益返利制度、农民基本生活保障制度等。

第七，加强方式创新。为了增强农民对其乡村建设主体身份的认同意识，需要着眼于乡村建设过程中农民的差异性喜好与需求，将不同的文化偏好与生活方式予以详细区分，制订针对性的建设方案。例如，针对农民居住建筑进行改造，可以将传统（特质性）建筑保护区与农民生活居住区进行切分建设；对于保持乡村文化传承脉络与逻辑连贯性以及固有衍生规律的传统民居建筑，可划分到特质保护区；而另一些在农民追求现代化生活过程中转向新的文化形式的建筑类型，可以安排到农民居住区。两个区域可依循不同的建构理念，沿着不同的发展路径发展，目的是满足不同人们对美好生活、理想生活的向往与期待，最终形成多元、多样、多态的乡村建设格局。

第八，厚植互信土壤。有事好商量、有事先商量、有事多商量，要注意保障民意反馈渠道畅通，建立健全民意反馈机制与政府决策信息公开制度，保证农民的意见建议能够及时传达给政府决策部门。例如事关乡村未来发展的问题，地方政府应确保相关决策信息的公示公告，并充分征询农民的意见。地方政府可以构建一个协商沟通平台，通过定期地协商、交流、沟通，及时了解乡村建设中农民的难处、困境以及矛盾，对于争议事项通过协商沟通及时予以解决，使政府与农民间摈除不信任。

第九，控制过度建设。在对乡村进行商业、产业开发与建设过程中，要注重传统文化的"实质内容"保护，关注农民对商业开发的态度和意愿，不能局限于仅保护文化的外在"形体"；同时要尽量减少对农民基本生产生活产生的干扰，将商业开发影响降至最低；要注重对传统文化的整体性、原生性保护，防止过度开发建设对乡村文化造成破坏。

第五章　乡村振兴之乡村建筑改造的意义

如今的城市发展模式趋于雷同，乡村的地域性特质逐渐被人们关注。北京的四合院，山西平遥的古城，浙江的氏族村落，重庆、贵州的吊脚楼等建筑都具有独特的魅力，这些乡村建筑与当地的自然环境、风土人情有着密切的关系。但是随着时间的流逝，很多建筑开始不能履行之前的功能，如果就此淘汰掉，那么这些具有地域特色的建筑就会慢慢消失，因此，需要进行改造以实现全新的作用。"看得见山水，望得见乡愁"是我们对乡村的期望，美丽乡村的背后，设计师遵循的原则是人与自然的和谐相处。乡村建筑的改造不仅仅是获得新的功能，更多的是文化振兴、产业振兴和环境改善等作用。

第一节　建筑改造的文化振兴作用

文化振兴，指的是坚持物质文明和精神文明两手抓，繁荣兴盛农村文化，培育文明乡风、良好家风、淳朴民风，改善农民精神风貌，不断提高乡村社会的文明程度，焕发乡村文明新气象。

乡村建筑的改造对于延续乡村文化有着重要的作用。很多乡村传统建筑都面临着不能使用或者是被淘汰的命运，而设计师对于乡村建筑的改造从某种程度上保留了乡村建筑的原本面貌，而且还赋予了乡村建筑新的功能。例如，乡村建筑中有被改造为书吧、图书馆或者是书店的，这种建筑的改造有助于提高乡村社会的文明程度。

随着我国经济发展和人民物质生活水平的提升，广大农村地区人民对文化生活的要求也逐渐提升，在乡村振兴战略发展中强调农村地区文化建设发展的重要性，文化建设不但是乡村振兴战略的核心精神力量，还具有重要推动作用。

一、促进党和国家文化发展战略的落实

首先，农村地区文化建设能够促进党和国家文化发展战略在乡村的贯彻落实。农耕文明的传承对中国特色社会主义乡村振兴道路很重要，在中国特色社会主义社会建设发展布局中，乡村文化兴盛是社会主义文化兴盛繁荣的基础，是推动全国文化建设迈向新高度的关键，在乡村振兴战略发展中进行农村地区文化建设，对丰富乡村人民精神文化生活，实现用精神文化建设促进物质文明进步，贯彻党和国家文化产业全面发展有重要的推动作用。

二、有效推动城乡文化均衡发展

在新时代中国特色社会主义建设发展中，人民日益增长的对美好生活的需求和当前我国不平衡的社会发展之间的矛盾已经成为我国社会发展的主要矛盾，基于这样的社会发展现状和中国特色社会主义社会建设发展需求，在乡村振兴战略发展目标下进行农村文化建设具有推动城乡文化均衡发展的重要作用。农村文化建设是加快新时代乡村文化繁荣的重点，是保证城乡文化均衡、长效发展的关键。当前国家及各级政府部门在农村文化建设上大力实施资金扶持、专项资金调拨等政策，就是希望通过大力建设农村文化来促进城乡文化一体化进程的加快，使城乡发展差距能够尽快缩小。由此可见，农村文化建设是推动城乡经济及中国特色社会主义建设一体化发展格局的重要保障，其作用不可忽视。

三、满足广大农村人民对精神文化生活的需求

随着我国广大农村地区经济进步和人民物质基础的飞跃，当前乡村地区对精神文明也开始有新的需求，但是很多地区在文化建设发展上仍然处于滞后状态，这就对农村社会的全面进步发展造成了影响，而进行农村文化建设对满足广大农村人民对精神文化生活的需求有重要帮助，能够从农村社会经济与文化协调发展角度实现农村精神文明建设的丰富。另外，农村文化建设对推动农村教育环境建设发展也有重要作用，教育的进步、文化的改革与发展，都将推动广大农村地区精神文化生活的发展。

乡村建筑的改造，也能对乡村传统文化进行保护、传承与发展，使其与现代文化有机融合，更好地延续乡村文化血脉。一些改造项目变成了居民

聚集地，丰富了居民的业余生活，也为周边居民的交流提供了合适的场所。同时，用于商业用途的改造，为村民提供了展示传统文化的平台。乡村的非物质文化遗产得以保护、传承与发展，如乡村优秀传统曲艺表演、民间手工艺术、传统节庆活动等。建筑改造成民宿，游客来此旅游必定会接触到当地的传统文化。乡村传统文化与乡村旅游深度融合，不断激发乡村文化的活力。

第二节　建筑改造的产业振兴作用

一、乡村建筑改造如何推动产业振兴

（一）以品牌引领产业优化

推行标准化生产、培育农产品品牌，是发展现代农业的必然选择，是推进农业质量变革的有效途径。农业对自然资源和生态环境的依赖性强，农产品品种和品质存在区域差异。实施农产品品牌战略，保护地理标志农产品，打造一村一品、一县一业发展新格局，有利于各具特色的地域资源优势转化为市场竞争优势，破解农产品同质竞争和增产不增收困境，从而促进农业区域结构、产业结构、品种结构全面优化。

（二）以科技创新驱动产业提质

当前，我国农业发展处于由增产导向转向提质导向的关键时期，推动农业科技创新是提高农业发展质量和实现农业绿色发展的根本途径。要明确农业科技创新的目标和方向，把满足人民对优质农产品的需要摆在突出位置，建立产学研结合的农业科技创新体系，加强农业绿色生态、提质增效技术研发应用，推动农业发展质量、效益、整体素质全面提升，显著提高农业绿色化、优质化水平。

（三）以城乡融合激发产业活力

城乡二元结构是影响城乡协调发展的主要障碍，制约城乡要素平等交换、收益合理分配，妨碍农业综合效益和竞争力提高。进一步破除城乡二元结构，需要建立健全城乡融合发展体制机制和政策体系。全面深化改革，清除要素下乡的各种障碍，推动城乡要素自由流动、平等交换，激发农业农村发展活力。

坚持以城带乡、以工促农，用现代生产方式、信息技术改造提升农业，加快农业现代化步伐，促进农村一二三产业融合发展。

（四）以适度规模经营补齐产业短板

小农户长期大量存在是我国农业发展的基本国情。补齐小农户小规模经营短板，是发展现代农业的必答题。随着小型农业机械的推广应用，丘陵地区、偏远山区也具备了实现农业机械化的条件，不少地方还通过卫星导航和互联网服务进行信息化田间管理，在一定程度上弥补了耕地规模小的局限。今后，要继续深化农村土地制度改革，推进农村承包地"三权分置"改革，发展多种形式适度规模经营，促进小农户和现代农业发展有机衔接。

（五）以"园""区"建设促进产业集聚

所谓"园"，是指现代农业产业园、农业科技园、返乡创业园以及集循环农业、创意农业、农事体验于一体的田园综合体；所谓"区"，是指粮食生产功能区、重要农产品生产保护区、特色农产品优势区等。"园""区"能够聚集资金、科技、人才等要素，是实现乡村产业振兴的重要抓手。以"园""区"建设促进产业集聚，应注重"园""区"平台与特色村镇发展相结合，大力培育发展产业、生态、文化、旅游深度融合的特色村镇。引导农村一二三产业适度集中，建设产业、生活、生态一体化空间，创建一批农区、园区、镇区互动的产业融合发展先导区，为实现农业强、农村美、农民富探索和积累经验。

乡村产业振兴一般指的是农业产业的发展，但是乡村振兴中提出，乡村产业振兴要紧紧围绕农村一二三产业融合发展，丰富产业的多样性，当然这其中要以农业为主。而乡村建筑改造之后必定会给当地带来一定的新兴产业需求，例如，日益完善的旅游业会给周边的农副产品的发展带来新的转机。相对于在城市能看到的农产品，游客更愿意在当地购买特色农产品，而这些经过改造后的建筑给这些产品的展示提供了平台。例如很多民宿中都会涉及当地特色产品的展示。

如今，城市居民对自然观光、休闲旅游、体验式观光的需求日益增多。乡村良好的自然风光、传统建筑的独特风貌、慢节奏的生活，成为城市居民放松的选择。乡村也随之出现了农家乐、周边游等乡旅结合、一二三产业融合发展的产业形态，形成了庄园式休闲农业和体验式休闲农业等产业模式。但是原有的建筑或者是过于简单古朴，或者是设施简陋，并不能吸引游客，导致旅游体验差，所以需要现代化设施的民宿或者建筑来满足城市居民对于乡村自然生活的向往。这样才能形成良性循环，吸引人们来到乡村享受生活。同时，这样的产业也能吸引更多的农民回归乡村。

产业振兴最主要的就是能给农民带来经济收入。以往只是依赖于农业发展，如今的乡村建筑改造可以给乡村带来一定的经济利益和丰富乡村产业。如今的旅游业发展迅速，人们不仅仅是想看美丽的风景，也想体验乡村生活。很多乡村具有一定的地域特征，具有一定的人文价值，改造后的民宿、图书馆、酒吧、展览馆甚至是活动中心，都可以给人们带来不一样的体验。

二、乡村产业振兴的意义

（一）为实施乡村振兴战略提供前提条件

乡村产业围绕农村一二三产业融合发展，培育新产业新业态新模式，利于增强农村发展新的动能；能够吸引人才返乡、企业兴乡和市民下乡，引导各类人才到农村广阔天地大施所能、大展才华、大显身手，使农村社会重现生机活力；可以发掘民俗文化、村落文化和乡贤文化，讲好乡村故事，复兴乡风文明；美化山水林田湖草，构建天人共美、相生共荣的生态共同体，打造望山看水忆乡愁的好去处。

（二）为现代农业建设提供强大动能

乡村产业围绕现代农业发展纵向延伸产业链条，横向拓展产业功能，引领农业产品、产业、区域和要素投入结构布局调整优化，构建现代农业产业体系、经营体系和生产体系；各类企业将现代科技、生产方式、经营理念和先进要素导入农业，有利于将小农户与现代农业发展有机衔接，做给农民看、带着农民干、帮着农民赚。

（三）为城乡融合发展提供载体

乡村产业围绕构建城乡融合发展体制机制，吸引城镇资金、技术和青壮劳动力等资源要素向农村流动，实现人才、资源、产业向乡村汇聚，促进乡村基础设施、公共服务和整体素质的提升；吸引既懂城市，又懂乡村的大批返乡、下乡人员到农村，以工业化理念搞生产、以市场化理念搞营销、以城镇化理念搞融合，架起城乡互动融合的桥梁纽带，打破城乡二元格局。

第三节 建筑改造的环境改善作用

环境大致分为自然环境和人文环境。在乡村，无论是住宅还是其他被废弃的建筑，都是使用比较落后的建筑手段，虽然在某一方面体现了当地的特色，但是，这种原始的建筑手法对于节能和减排并没有什么帮助，反而会增加乡村的空气污染。而乡村建筑改造中，很多改造都使用了全新的建筑材料，减少了煤和木炭的使用，能有效地减少空气污染，改善乡村自然环境。

从审美角度来看，乡村建筑改造给乡村带来了新的审美体验，改善了人居环境，给乡村带来了另一种风貌。乡村建筑改造还包括对整体乡村的改造，如整治生活污水、处理生活垃圾等。这能有效地改善农村居民的生活环境。

设计师这一特殊群体，在如今中国乡村振兴中，不断地尝试新的设计方法和新的设计理念，不仅仅是改造了乡村建筑，更多的是在保留乡村特色的前提下，实现乡村建筑的重生，赋予建筑新的生命力。

第六章 乡村改造的发展历程与设计实践研究

第一节 乡村振兴的概念及宏观环境

一、乡村振兴的概念

关于乡村振兴的内涵理论，有研究者认为乡村振兴是对传统乡村转型概念的提升，也有人认为是新农村建设二十字方针的升级版，不同学者通过研究对乡村振兴的概念做出了不同的解释。

乡村振兴，在魏后凯看来就是乡村如何发展才能逐步兴盛和繁荣起来的问题。他认为在人民日益向往美好生活的新时代，我们所需要的乡村振兴不单纯是某一领域、某一方面的振兴，而是既包括经济、社会和文化振兴，也包括治理体系创新和生态文明进步在内的全面振兴。因此，乡村振兴是一个综合的概念。张京祥、申明锐等人强调乡村振兴的内涵可概括为"外在内涵"与"内在涵义"。外在内涵即依照在城乡连续谱系中乡村所具有的独特性价值，让乡村回归乡村，使其在文化传承等方面发挥作用并与城市平等互补；内在涵义即在城乡平等的互补关系下，乡村内部在经济、人居、治理和村民生计等方面实现自给与繁荣。刘合光则认为，乡村振兴战略就是从现在起，要把现代化理念、现代化机制和现代化要素融入到农业农村的日常生活、生产、生态、文化孕育和乡村治理中。刘奇表示，乡村振兴标志性体现在"三个起来"，即让"农业强起来、农民富起来、农村美起来"。

乡村振兴是"农民为主体"的振兴。从方式方法和路径选择角度说，方向比速度更重要。总体上需要发挥好政府、市场两只手的作用，充分激发政府、市场、农民等各方面的力量。其中，着力培育市场化机制，激发农民的主体意识和内生动力，尽量减少行政性包办，应是保障乡村振兴健康长效推进需要着重探索的方向性问题。对涉农干部来说，抓乡村振兴、搞乡村建设，必须懂农村、有情怀，必须尊重规律和农民主体地位，努力考虑农民想要什么，多做接农村地气的事情。否则一不小心就可能造成"越俎代庖"和"揠苗助长"，出现"被流转、被上楼、被幸福"的情况，形成"好心好意办事但老百姓不认可不买账"或"干部干，群众看"的状况。

二、宏观环境

（一）各地政府普遍重视三农工作，实施乡村振兴战略具备良好的宏观环境

各地都非常重视三农工作，坚持将解决好"三农"问题作为各项工作重中之重，扎实推动农业现代化、美丽乡村建设、农业供给侧结构性改革等，农业农村发展获得了历史性成就。农业生产能力不断加强，农民收入不断提升，农村民生得到了全方位的改善，脱贫攻坚取得了明显的成果，农村生态文明建设显著加强，农民获得感显著提高，农村社会和谐稳定。农业农村发展取得的重大成就和"三农"工作积累的丰富经验，为实施乡村振兴战略打下了坚实基础。

（二）地方县市（或乡镇）等农村农业产业差异较大，发展模式各不相同

实施乡村振兴战略必须从最基础，最直接，最见效和农民最盼望、最欢迎的乡村人居环境整治做起，从必要的基础设施和公共服务做起，为农民创造守望相助、安居乐业的生活环境，增强老百姓的获得感、认同感。乡村环境整治是乡村振兴的基础课、必修课，也是需要长期坚持的功夫活、常态活。乡村公共投入的重点是乡村基础设施和公共服务，这也是政府最需要发挥主导作用的领域和最需要履行的公共职责。立足35年的战略规划期，强化统筹思路，分期分批分区域高质量建设好农村水电路气及网络设施，保障农村低保和大病救助，保护农村生态，强化农村法治观念。另外，在加强政府扶持和示范引导的同时，营造完善的市场环境，发挥市场作用，激发农民的内生动力，推进生产经营和生活富裕。

各地农村农业产业现状与经济基础状况有较大的差别，各地发展优势、重点与发展模式也有所不同。

一般来说，村庄规划设计的基本思路是"自然质朴＋生态宜居＋乡村风貌"，高水平的村庄建设规划对乡村文化、民风民俗及特色风貌的要求很高，还要规划出乡村生产生活的特有功能，因此做村庄建设规划比做城市建设规划工作更

琐碎、内涵更难把握。从国内很多地方的现实看，凡是新规划、新改造过的村庄基本都是整齐划一、千村一面的"排排房""排排楼""排排别墅"，再配以城镇化、园林化的景观环境，传统的乡村风情风貌荡然无存。

乡村建设必须强化生态与资源意识和"百年老屋""千年村庄"意识。2010年，时任住建部副部长的仇保兴在第六届国际绿色建筑与建筑节能大会上说，中国是世界上每年新建建筑量最大的国家，每年20亿平方米新建面积，相当于消耗了全世界40%的水泥和钢材，而只能持续25～30年，而英国建筑的平均寿命达到132年。这是惊人的环境消耗、财富损耗与生命损耗。乡村建设必须立足实际，解决好农村水电路问题，严格落实好规划控制问题，管住村庄乱建问题，找懂乡村风情的设计团队和具有工匠精神的建筑施工队伍，提高美丽宜居乡村的建设质量和品位，做到保护乡村风貌，传承乡村文脉，凸显乡村风情，留住乡村记忆，建设品质乡村、风情乡村、历史文化乡村、休闲旅游乡村，让农民过上"令城市人羡慕"的生活，而不是让农民过上"城市人的生活"。

（三）乡村振兴规划刚起步，有待进一步完善

随着经济社会发展，一些村落会集聚更多人口，一些自然村落会逐步消亡，这符合村庄演进发展规律。关键是要做到规划先行，哪些村保留、哪些村整治、哪些村缩减、哪些村做大，都要经过科学论证，不要头脑发热，不顾农民意愿，强行撤并村庄，赶农民上楼。村庄融合既是一个历史阶段的发展趋势，也是一个立足实际自主选择的历史过程，重在领会指示精神，把村庄演化及融合发展的概念内涵、逻辑关系、条件要求、时点节奏和方法路径等梳理清楚。

一是合村不一定并居。合村重在扩大村庄的管理规模，一般是通过村党组织的合并带动村庄的融合发展。合村与并居不是一个概念。村庄整体搬迁，难度很大，必须十分审慎。除那些确需按城镇规划整体改造的城中村、城郊村、乡镇驻地村和重点工程拆迁村，以及那些确实"不适合人类居住"的工矿塌陷避险区和地质灾害易发区外，一般不要轻易整村搬迁。对因客观原因确需异地搬迁和上楼的村庄，要尽力做到有可靠的配套支持政策，直接一步到位迁入城镇驻地、融入城镇，享受完善的城镇配套和管理。对因工矿塌陷、地质灾害易发或人口流失严重、村庄规模小、公共基础设施差、产业发展能力弱等原因需要搬迁的村庄，须按照上级规定和要求，严格进行审核、审批、备案。

二是并居不等于上楼。生产方式决定生活方式，至于农民上楼不上楼，一看具体条件，二看农民意愿。那些处在城镇规划区内的城中村、城郊村、乡镇

驻地村，大多不再以农业生产方式为主，可以根据实际建设"楼房化"的新社区，并按城市社区的方式进行管理。那些经济实力强、分工分业鲜明、农业生产的组织化程度高、不再由一家一户直接耕种的经济发达村，在村民自觉自愿基础上，也可以按规定程序经报审认可后建设"楼房化"的新型农村社区，但在楼型、户型上要适合农业生产要求和农村生活特点，农民普遍选择的是带小院的二层或三层、独栋或联排的别墅小楼。

三是以产权融合思维探索之前合并村的融合之路。可以用行政手段合村，但不能用行政手段硬性合土地、资产、债务。《宪法》规定，农村是集体所有制。土地、资产、债务等合法可行的一个融合方式是，在产权明晰、平等互利的基础上，以跨越原村界的各种合作组织为经济平台，通过折股入股、土地入社、资产入社等产权流动方式，促进资源资产要素跨越原先的村界自由流动和组合融合，逐步实现自主自愿基础上的、经济意义上的村庄融合发展。

乡村振兴战略最怕搞成"短平快"的乡村振兴运动。从时间换空间的角度看，把控好方向，营造好环境，让农民安居乐业，让农村有个必要的演化过程。脱离农村发展实际、过分追求急功近利的"揠苗助长"，后果往往是简单粗糙、没轻没重、问题严重。因此，乡村要振兴，定力贵如金，"紧迫感"很重要，"历史的耐心"同样很重要。

在东部一些发达地区已经开始研究与着手编制乡村振兴的初步规划，部分地区已经编制了乡村振兴规划，有的地区提前还对本地区的项目进行了比较细致的设计。但总的来看，这些乡村振兴规划的总设计和行动计划尚不够完善，存在就事论事、定位不高、缺乏详细可操作的制度框架与政策体系等问题。需通过进一步调查研究，明确工作思路与推进行动计划。

当下对于乡村生态旅游建设方面，城市居民在向往体验乡村田园生活的同时，也希望在乡村能享受到现代化生活的便利，这便要求设计师在保护传统乡村文化的同时，也要协调地将现代技术结合融入到乡村生活里来。

（四）各地乡村经济转型和乡村振兴碰到的问题及挑战

1. 各地在乡村经济转型和乡村振兴中碰到的共性问题大致包含：一是村级发展的不平衡仍然存在，滞后村与先进村的差距呈拉大趋势。二是农村经济转型中的土地制度改革、农村集体经营性资产股份制改革等关系广大农民群众切身利益的重大改革。三是村庄面貌改进不彻底，村庄特色不明显。四是农村基础设施和公共服务水平仍需提高。

乡村振兴规划与具体的村庄建设规划不是一个层面的事。乡村振兴规划是相对宏观的战略性规划，重点是方向、目标、政策，宜粗不宜细，重在从大的方面厘清发展思路。具体的村庄建设规划是落地规划，要求思路接地气、风格乡村化、设计有品位、控制有力度、落地出精品。很多村庄建设规划的通病是城镇化、套路化、应景化，光鲜亮丽、华而不实，缺乏对乡村风情和功能的深度把控，普遍缺乏有水平、接地气的村庄建设规划设计。

2. 在改造的过程中，应在"乡村振兴"的背景下，在尊重自然的基础上，通过对乡村建筑的改造设计以及与周围农田山林的良好结合，来为农民提供舒适的居住环境，为游客提供丰富的乡村体验，带动整个乡村及村民的发展。

3. 关于农村社区和社区服务中心

村庄也是社区，是传统农村社区。与传统农村社区相对应，中央提出建设"新型农村社区"。新型农村社区重在其服务功能的健全完善，而社区服务中心是完善服务功能的重要载体。为更好地发挥社区服务中心的服务功能，必须顺应互联网时代、接农村地气。山东省一些地方的农村社区服务中心出现了机关化、衙门化、形式化的倾向，这种现象值得注意。南方省份很多地方建立了网上社区政务服务平台，村民有事可以拨打平台便民电话，平台及时批转到办事责任人的手机上，办事责任人办结后即时回复，办理情况定期考评，无论是农民群众还是基层干部，都感到方便而务实。山东的费县、沂南县实行村级事务代办员制度，从大学毕业生中公开考选了一批专职代办员，每名专职代办员负责一到两个村，既锻炼出一批熟悉基层工作的后备干部，又务实高效地服务了农民群众，简便快捷，一举多得，该方法很受村民和村干部欢迎。

4. 关于农村宅基地和空闲宅基地

有人认为目前一些地方空心村太多、农民宅院太大是一种浪费。实际上农民宅院用好了是重要的家庭增收来源，其庭院经济收入远超"挤压庭院复垦成大田"的收入。因此，用好农村庭院，发展庭院经济，是建立农民增收和脱贫致富长效机制的一条便捷务实的路径。2019 年，农业农村部印发了《关于积极稳妥开展农村闲置宅基地和闲置住宅盘活利用工作的通知》，提出除整理、复垦、复绿外，支持通过自营、出租、入股、合作等方式，发展休闲农业、乡村旅游、餐饮民宿、文化体验、创意办公、电子商务等新产业新业态，以及农产品冷链、初加工、仓储等第一、第二、第三产业融合发展项目。2020 年 9 月，中央召开了"深化农村宅基地制度改革试点电视电话会议"，要求坚持稳中求进的工作总基调，保持足够的历史耐心，周密谋划、有序实施，审慎做好试点工作。在激活农村闲置宅基地方面，山东省兰陵县做好宅院及闲置宅基地绿化、美化，促进农民增收，降低农民生活成本，实现深受农民欢迎的多赢效果。

5. 关于"大国小农"与农业规模经营

我国小农生产有几千年的历史，"大国小农"是我国的基本国情农情，小规模家庭经营是农业的本源性制度。人均一亩三分地、户均不过十亩田的小农生产方式，是我国农业发展需要长期面对的现实。据统计，目前全国有小农户2亿多人，因此小农兴则乡村兴、国家稳。2019年，中共中央办公厅、国务院办公厅印发了《关于促进小农户和现代农业发展有机衔接的意见》，明确提出小农户、大服务、现代化的方向路径。

解决"大国小农"矛盾并非要回归到传统的"农业集体经营"的老路上。需要明确的是，集体经济是指集体拥有的经济能力，"集体经济"不等于"集体经营"，尤其不能把农村集体经济混同于传统的"农业集体经营"或"一群人在一起劳动"。农业生产的特点和历史的实践已经证明了传统农业集体经营的低效率：报酬计算的困难导致了"干好干坏一个样"的"搭便车行为"，监督的困难导致了"领导在与不在不一样"的"机会主义行为"，人性的弱点导致了"向低效率看齐"的"逆向选择行为"。由此，改革开放以来，党确定了土地家庭承包经营在农村的主导地位，至今仍是党在农村基本经营制度的核心，也是我们探讨解决"大国小农"矛盾的基本立足点。

立足农户经营，发展家庭农场，同时发展各种形式的农业新型经营主体及服务体系，应是解决"大国小农"矛盾、推进农业现代化的方向性路径。一是培育精细精致的特色小农户。实践证明，提高农业的效益，关键在于选择适宜的产业组织与商业模式。二是培育适度规模的家庭农场。日本走产业化、品牌化、高端化的家庭农场经营路线，家庭农场已经实现了高度机械化、信息化、品牌化，成为全球家庭农场经济发展中的典范。总体来说，农户家庭框架内的经营不存在由"生产效果与生产过程不同步"造成的劳动效果难以衡量问题，解决了农业生产中的合作、监督、激励问题，特别是扩大到家庭农场后，既有家庭经营的优势，又较好地解决了生产经营规模化、农产标准化、质量安全追溯等问题，因此是农业生产经营的最佳组织形式和发展方向。三是培育新型社会化经营服务主体。规模经营并非单纯的土地规模经营，通过发展社会化服务组织，以服务的规模经营把小农户吸入规模化、现代化的轨道，也是规模经营的重要方式。

山东省兰陵县鸿强蔬菜产销专业合作社提供种苗服务，服务农户达 5000 多户、面积 6 万多亩，成为以服务带动实现农业规模经营的典型案例。四是吸引工商资本进军和发展农业上游产业。三园一体（农业科技园、示范园、创业园和田园综合体）作为组织化程度高、投资密度高、人才聚集度高的农业农村发展新平台，具有较强的开拓创新和示范引领作用，应大力鼓励工商资本通过发展三园一体，进军科技含量高、效益高的农业产业链、技术链和利润链上游，并通过利益联结和便捷服务吸引带动小农户发展。土地流转有利于规模经营，对于符合流转条件的应积极鼓励倡导，但前提是不能脱离市场规律，不能为了提高流转率而流转。

6. 历史地把握乡村振兴战略

人类发展遵循原始生态文明、农业文明、工业文明、现代生态文明的否定之否定规律。相应地，人类由村庄走向城市，最终还将回归村庄，也是规律使然，只不过所回归的村庄是基础设施和公共服务均质化的村庄。本质上说，乡村振兴并不是通过"美丽宜居"把人口吸引回农村进而重新固定在农村，而是通过彻底破除"城乡壁垒"实现真正意义上的城乡一体、自由流动，让农民根据自己的家庭条件、资源状况和意愿变化在城乡之间自由往返。历史地看，城镇化只是这个否定之否定过程的一个阶段，阶段不能超越，但要防止在"阶段性走廊"中迷失方向，把城镇化当目的，变成为城镇化而城镇化。有学者预测：中国未来 30 年，乡村将成奢侈品。因此，对待农业农村农民问题必须用历史眼光去把握，既不能把过程当目标、把手段当目的，更不能忙于过程、钟情手段、忘了初心。

乡村振兴既是一场攻坚战，更是一场持久战，必须把握战略方向、保持战略定力，咬定目标不放松，以只争朝夕的紧迫感、真抓的实劲、会抓的巧劲、常抓的韧劲，与时俱进，一抓到底，以新的理念、新的视野、新的路径打造乡村振兴样板，以持之以恒、从容建设、久久为功的历史定力开拓乡村振兴新局面。

第二节　乡村改造发展历程

在中国共产党领导中国人民进行艰苦斗争之时，大批有良知的地方乡绅与知识分子，面对乡村衰败和时局动荡的境况，积极投身于乡村建设，将改造乡村作为实现自身改造世界的试验地，探索地方自治与乡村自救之道，从而掀起了一场乡村建设运动。20 世纪 20 年代至 40 年代，以梁漱溟、晏阳初等为代表的爱国知识分子率先提出乡村建设的构想并付诸试验，产生了"邹平模式""定县模式"等。这些乡村建设模式虽内容各异但目标一致，即在实现乡村重建和发展的基础上，寻求救亡图存、民族复兴的道路。

乡村建设并非单纯地建设乡村，也并非要消灭农村、消灭小农经济，让农村全部变成城市。乡村建设本质上是中国整体的社会建设和社会革命。以"全心全意为人民服务"为宗旨和使命的中国共产党，百年来按照自身的逻辑领导人民进行"乡村改造"，开展"乡村建设"，进行"乡村改革"，实施"乡村振兴"，历经四个阶段，形成了具有中国特色、体现中国风格的乡村发展理论和实践模式。

党中央对乡村发展非常重视，2013 年以来，中央"一号文件"围绕"三农"问题，对乡村发展进行顶层设计，关注加快农业现代化，激发农业农村发展源动力，破解"三农"难题。2016 年 2 月提出发展特色小镇，力图通过小城镇建设，根据乡村的资源禀赋，发展具有乡村特色优势的商贸物流、先进制造、休闲旅游、科技教育、信息产业、民俗文化传承等特色产业，形成魅力小镇，振兴乡村。2017 年提出田园综合体建设，并"大力发展乡村旅游"，以旅游业发展助推乡村丰富的自然生态资源转换为资本，带动乡村产业发展、农民脱贫致富。党的十九大报告正式提出了以"产业兴旺、生态宜居、乡风文明、治理有效、生活富裕"为目标的乡村振兴战略总要求。2021 年，在脱贫攻坚取得全面胜利后，中共中央、国务院又适时发布了《关于全面推进乡村振兴加快农业农村现代化的意见》，将党和政府的工作重心历史性地从脱贫攻坚转移到"全面推进乡村振兴"上来，解决好发展不平衡不充分问题、缩小城乡区域差距、实现人的全面发展和全体人民共同富裕。这是百年来中国共产党乡村发展理论中国化的最新成果，更是中国共产党全面建设社会主义现代化强国、实现中华民族伟大复兴的重要实践。

现代农业是市场农业、智慧农业、休闲农业，除传统功能外，还有观光休闲、文化传承、科普教育等拓展性功能。美丽乡村则是村落民房皆为风景，村庄是乡村风情的重要载体，体现的是一村一景的独特风貌。这就要求乡村规划和建设，包括新村建设和旧村改造，都应该遵循"外观传统风情、内部现代功能、宜居宜业宜游"的原则，以更高的境界、更宽的视野、更新的理念、更独到的手法，描绘乡村美丽画卷。

综合传统与现代，乡村振兴和美丽宜居乡村建设应强化九大新理念：把"城市，让乡村更美好；农村，让城市更向往"作为全新的城乡理念；把"新农村应是升级版的农村，而不是缩小版的城市"作为全新的新农村阐释；把"城市靠实力，乡村靠魅力"作为全新的发展路径；把"从整洁乡村到风情乡村再到休闲乡村，梯度建设美丽乡村"作为全新的发展定位；把"以景区的理念规划县域，以景点的要求建设乡村"作为全新的工作定位；把"让大地充满诗意，让劳动成为休闲"作为全新的乡村品位；把"保护乡村风貌，传承乡村文脉，凸显乡村风情，留住乡村记忆，建设风情乡村，发展乡村休闲"作为全新的美丽乡村建设思路；把"让农村更像农村，让乡村风光遍地都是，让特色精品成为景区，让农家生活富裕美满，让农村人过上令城市人羡慕的生活"作为全新的美丽乡村建设目标；把"农业景观化、农耕体验化、农村休闲化，靠乡村的清纯本色彰显魅力、释放亲和力，开放式，原生态，生活态，遍地游，遍地吃，遍地住，遍地购"作为全新的休闲乡村运作方式。

需要注意的是，美丽乡村的"初级版"是整洁乡村，"升级版"是风情乡村和建立在乡村风情风貌基础上的休闲旅游乡村。但需要清醒地认识到，就"二八定律"和总体的资源环境禀赋及客源群体来说，能成功以乡村观光旅游为主导产业或重要产业的村庄不到总体的20%。乡村旅游、乡村休闲、乡村酒店等，只是因地制宜产生的个别地方的特色产业，不会也不可能普遍地成为乡村振兴的主导产业和方向，不能单纯为了乡村旅游而乡村旅游、为了建景区而建景区。

纵观中国共产党百年探索，乡村发展是国家意志、社会历史发展阶段以及政府治理政策相结合的产物，是包括政治、经济、生态、文化、社会与党的建设的全面振兴，体现着百年来中国共产党乡村发展思想的历史传承和创新，同时又具有明显的历史跨越性。从"乡村改造""乡村建设""乡村改革"到"乡村振兴"，伴随着中国共产党在不同阶段的历史使命，循序发展，有机演进，逐步提升，浑然一体。

乡村振兴既是一场攻坚战，更是一场持久战，必须把握战略方向、保持战略定力，咬定目标不放松，以只争朝夕的紧迫感、真抓的实劲、会抓的巧劲、常抓的韧劲，与时俱进，一抓到底，以新的理念、新的视野、新的路径打造乡村振兴样板，以持之以恒、从容建设、久久为功的历史定力开拓乡村振兴新局面。

第三节 国内外优秀乡村建筑改造设计案例分析

一、国内相关案例分析

（一）华侨城南岸美村老酒坊改造，四川

华侨城南岸美村乡村客厅位于大邑县清源村，建筑原为废弃的酒坊。设计团队提出"轻介入·在地化"的设计思路，通过老酒坊改造重塑乡村公共空间，探索特色乡村振兴路径。设计将项目定位为乡村客厅，如何通过设计在原有建筑中引入展陈、会议、接待、办公等功能，成为改造关注的重点。对酒坊的衰败外壳进行集中整治并优化了室内空间，将原有的生产区域改造为会展大厅、文化展区、休闲馆、创客学院，并新增了丛林餐厅，打造了一处建筑、田园、游客可以同步进行"多维呼吸"的公共空间。

图 6-1 华侨城南岸美村

（二）挚舍·南禅观水酒店，无锡

清名桥古运河之滨，故取名为"南禅观水"。原址是典型的传统三进式院落，前低后高，较为保守。旧建筑四周封闭，室内光感不强，楼道狭窄，藏匿了许多安全隐患。改造后的建筑，依旧白墙黛瓦，小桥流水，保留了这座江南小院古朴典雅的气息，增加了更多的开放空间。房间"溯、泛、泊、泽、瀚、潴、润、漾、湛、泓、渡、洁、漪、澹、澈、澄"，皆以水字旁的字命名。干净利落的线条，裸露的原色墙面和金属，传达克制冷艳的美感，几何性和构成性创造出中性、纯粹的空间体验，粗犷别致之中不乏细腻的笔触。铁锈板、简约的落地玻璃及独特的导向系统等现代设计元素，赋予了老宅新的活力。

图6-2　挚舍南禅观水酒店

（三）沂南县朱家林田园综合体

朱家林村位于山东省临沂市沂南县岸堤镇，距离县城约32公里。村庄四面环山、景色优美、气候宜人、交通便利。随着现代化的发展，朱家林村出现了土地荒废、建筑损坏、乡村逐渐空心化的现象。为了挽回原有乡村风貌，重塑美丽乡村，朱家林村开启了探索适宜本村村落的乡村改造技巧。

1. 废弃民居的整治与修缮

朱家林村进行建筑改造时，对破败的建筑外立面修缮。损坏严重的墙体采用钢架构加固，保留损坏较轻的墙体，并在墙体开制不同大小条形窗，来增大室内采光与通风，同时条形窗的组合也可增进建筑外立面的趣味性，使整个建筑看起来生动又活力，一改往日人们对乡村建筑的传统印象。整个朱家林村建筑形式的单一性被打破，建筑不再均质稳定化，而是更强调地域特征，通过传统建筑材料来创造现代化的乡村建筑风貌。

图 6-3　沂南县朱家林田园综合体

2. 公共建筑的改造设计

公共建筑，一般作为村民聚集的场所，开会、展览、举办活动等等。在朱家林村，一座公共建筑被改造成生活美学馆。秉着保护当地生态环境、自然资源的设计理念，尽量少地破坏建筑风貌。材料上，以当地石灰岩为主，打造建筑外立面，价格成本低，取材方便。而建筑内部，运用现代材料——清水混凝土，两种材料的碰撞，视觉上较为统一，质感与建造工艺上又大相径庭。现代与传统的结合，使整个朱家林村的建筑风貌达到统一，又使内部展览空间保持纯粹感。

图 6-4　朱家林建筑改造后效果

朱家林村在整个乡村的改造更新过程中，采取因地制宜的策略，将现代材料有机地融入到传统建筑中，与传统文化元素相互交融。功能上根据村民实际需求，置入新的公共空间，丰富村民日常生活。

二、国外相关案例分析

国外对传统民居相关范畴的研究领域相比国内要早一些。1939 年，《法国农村聚落的类型》首次对民居村落展开分类，研究自然地理、人类社会与民居村落类型的形成的相关性。1969 年，《宅形与文化》探索了住宅聚落形态与人类社会文化环境的关系。

（一）日本岐阜县合掌村的改造

日本岐阜县合掌村位于日本岐阜县地区，有着优美的自然环境、当地特色的合掌式建筑、传统浊酒文化，并有大量的农田种植区域，显示出独特的乡村地域特色。

1. 顺应乡村脉络

合掌村位于岐阜县白山的山麓，在对其改造的过程中，合掌村的村民注重对乡村脉络的保护，在顺应乡村脉络的条件下进行有序的改造，较好地发挥了地域特色，同时，合掌村村民建造的"合掌屋"在建筑外形上呈现人字形，且屋顶坡度较大，与周围山体的外形也极为相似，使整个乡村与自然环境非常融合。

图 6-5　日本合掌村村落实景

2．继承当地建筑技艺

"合掌屋"建筑在建造的过程中就地取材，整个建筑以木材为主要的建筑材料，展现建筑的淳朴与质感。其"人字形"的屋顶部分不采用钉子加固，而是用绳结和传统的扣子进行交叉绑带，来稳定建筑结构。这一技术继承了当地传统的建造技艺，同时，通过在屋顶上覆盖茅草使建筑与周围环境融为一体。

图 6-6　日本合掌村"人字形"建筑屋顶

合掌村在顺应自然环境的基础上建造了当地独特的合掌屋建筑，为人们提供了较好的体验型乡村空间。其在改造的过程中，顺应了传统乡村肌理，尊重当地自然环境，在不破坏乡村脉络的前提下将建筑改造融入到环境里，充分发挥地域特色，与周围环境互利共生。

（二）捷克乡村住宅花园景观设计

在距离捷克首都 40 公里的乡村，有一座风格清新独特的乡村别墅。它以橡树林为后院、天然木料筑外墙、用植被覆满屋顶，再附上一些独特的建筑元素，有如北欧的居住设计风格。朴素和对自然的欣赏是建筑设计的核心理念，这也与房主的喜好一致。他们希望能与他们的孩子在这里一起发现生活和自然的点滴之美。

建筑设计是以温暖和舒适的感受为原则，通过自然材料打造一个简单实用的布局，并期望能随时间的推移而变得更有韵味，且需要一个能与其理念一致的花园相陪伴。

图 6-7　乡村住宅环境及屋顶覆土

花园设计的主要原则是融入场地的环境，使其成为周围自然环境的一部分，扮演一个能孵化新生命的角色，为森林增添多样性与和谐感，而不是强加其中的孤岛。房主还希望花园能与周边那些能发出不同声响的小动物产生联系。因此，花园中布置有蜂房、昆虫旅馆、猫篮、刺猬木屋等不易被发现的庇护所，邀请所有的小动物都能到花园中来。

居住者的实际需求和自然生境的营造之间总会存在差异。为了让生活能更加融入自然，设计者寻找了一种适宜的规划方法来回应这个需求。他们将花园的概念拟想成为一处"荒野"与"幸福"不期而遇的场所，并通过植物的选择来呼应主题。此外，出于实际的考虑，他们在花园里设置了一块绿色"地毯"，并通过仔细地构图与考量，来满足家庭的基本需求。这处精心维护的人造空间与花园其他部分形成鲜明对比，传递了它独有的生活意义。

图 6-8　乡村住宅室内外衔接处环境

花园里的植物品种繁多，每年都会有明显的季相变化。原生的草本花卉能与人工培育的品种和谐共生。种植的多样性是由它们所在房屋的方位决定的。

前院阳光明媚，鲜花满目，而其他部分则与森林中的荫生灌木群落近似。花园中的步道网络则以弧线和直线的形式划分，并通过多年生的丛生植物或草本花卉柔化边界。

庭院入口设置了一个低调的木栅门。由于院内没有车库，入口处既要方便泊车，又要保证与外部空间相分隔。这里如果选择混凝土可能会更实用，但相对于花园其他地方就会显得很生硬。因此设计者选择回收利用铁路木枕作为材料。尽管这些木料的耐久度有限，但它们与房屋的外立面以及整个场地的氛围相协调，为到访者创造了一种与自然融合的主题印象。

第四节　乡村传统建筑保护与改造原则

乡村传统村落是农耕文明的重要标志，是珍贵无价的历史文化遗产。近年来，对于传统民居是应该进行改造翻新满足现代居住条件需要，还是应保持其历史文化的原来面貌，一直争议不下。另外，少数民族乡村传统民居的旅游项目发展势头热火朝天，这对乡村民居村落文化有很大的宣传作用，但在一定程度上也破坏了特色的民居建筑生态，民居建筑保护改造的问题显得越来越重要。

一、传统乡村建筑的共时性及历时性特征

随着时间的推移，乡村民居建筑受到居民生活习惯和当地风俗的影响，逐渐形成独特的文化特色。乡村建筑主要为住宅，是主要的居民生活场所，承载着人们的生活方式和文化习俗，由于乡村建筑在文化保留和传承方面有着重要意义，因此，有必要从建筑保护的方面出发，制订相应的建筑保护方案。传统文化在民居建筑上的体现，主要在于空间布局、装饰风格和色彩质感等方面，随着地域文化的持续发展，促使各区域建筑风格发生了变化，各个历史时期下的民居建筑形态特点有明显差异，即乡村居民建筑具有共时性和历时性。以南京市某一小镇为例，当地政府对该地区主要村镇进行了改造，通过突出建筑物的文化特征，加快当地旅游业发展。主体村庄为向西部发展出的一个村落，当地还保留着明确村庄原有风貌，在建筑材料、结构以及建筑方法等方面，都体

现出浓厚的地域文化。发展至今，当地建筑材料中的青砖、木头等逐渐转变成混凝土，并且建筑形象和结构发生了改变。与城市建筑不同，乡村民居建筑都有其独特个性，蕴含独特的地域文化。在长时间发展下，建筑中的文化元素达到一种平衡。有效改造民居建筑，开放特色民居旅游，吸引全世界四面八方的游客，通过旅游过程中的真实见闻及切身体会，口碑会借助互联网新媒体技术广泛传播开来，那么，民居建筑特色以及当地历史传承的民族文化特点也将传播到世界各地，大大提高了传统民居建筑在社会文化中的历史地位。

二、乡村民居建筑的保护及改造策略

（一）进一步完善传统建筑法律保护体系

制定相应的法律实施细则或地方保护条例，对破坏古建筑的行为给予相应惩罚；适当放开传统建筑产权流转，允许组织和个人采取购买或租用的方式，解决古建筑活态利用问题。

（二）对传统民居建筑进行有效改造，做好总体布局，落实保护措施

政府在对传统民居建筑实施有效改造过程中，要做好总体布局，确保村落整体民居建筑原貌不变，保障民居建筑的历史文化价值不受损坏，并注意全面落实保护措施。制定村民自建房屋管理规定办法，避免在传统村落民居周边乱建新式房屋，保护传统民居文化不受破坏。注意改造民居建筑要体现其原有面貌和风格，政府机构要加强监督管理，绝不允许只顾一点利润回报损害广大农民的长远利益，更不能在改造过程中破坏环境。对传统民居周围的道路及配套设备做好合理规划，因地制宜，为百姓民居生活提供便利，也为游客出行提供优质服务。这样的保护与有效改造才能体现出真正长远价值。

（三）设立传统建筑专项保护资金

恳请国家设立传统建筑专项保护资金，减轻地方政府保护压力，系统性开展传统建筑的保护工作，形成稳定的传统建筑经费保障机制。通过以奖代补的形式，吸引社会资本参与到传统建筑的保护利用中，同时鼓励村民利用闲置的传统建筑开发民宿旅游、民俗演出、农家乐等文化旅游产品和乡贤好人馆、姓氏博物馆、农家书屋等文娱教化场所。

（四）传统符号与群体风貌的保留与重塑

近年来，一些建筑师在乡村建筑改造实践中，不仅与时俱进地赋予建筑新的功能，还精心保留原有建筑的历史元素，使改造后的建筑依然能够留存"没

有建筑师的建筑"的地方性特征与"乡野"信息，成为一种传统文化与现代功能协调共存的载体。张雷联合建筑事务的桐庐先锋云夕图书馆项目正是这类改造的代表。为体现建筑原本的普通民宅特征，方案保留了三个室内土灶，将其改造为艺术装置，与阅读空间自然融合；原有木质楼板被保留，并在其上另附龙骨和木地板以减少震动。

（五）破损传统居民建筑的修复及改造

对于具有保护价值的乡村建筑来讲，在保护和改造的过程中，要以保持建筑原有风貌为原则，达到建筑保护和改造目的。村落发展应采用针对性的改造措施，提高民居建筑的整体性能，将现代化改造手段适当运用到建筑更新中，保证建筑持续发展。例如，将地下排水管道和水冲式厕所加入到传统民居建筑中，使原有建筑满足现代居民的生活需求。另外，应突出乡村建筑的文化特性，避免受到外来文化冲击，以地域文化为设计主题结合当地气候环境，合理设计外墙、挑檐、窗户等部位。在保留传统文化特色的基础上，注重建筑物性能的强化，能取得较好的保护效果。

（六）传统民居建筑改造，要保护好村落的生态环境

传统民居建筑是乡村重要的历史标签，其周围的小溪、田地、树木、花草等构成的原生态田园环境，与传统民居建筑相互衬托才是最完美的。保护环境与民居建筑改造开发和谐一致，因此，一定在合理有效改造传统民居建筑的同时，保护好村落周围田园风光中的花草树木，避免其遭到不必要的破坏。

（七）实现传统和现代相结合

在进行传统乡村建筑的保护和改造处理时，不能单纯强调建筑回归复古，在保留建筑中的传统韵味和文化要素的前提下，尊重新材料及新技术的发展。还要考虑现代居民的生活习惯，坚持以人为本原则，满足居民生活的必要需求。改造过程中必须注重地方习俗，在建筑立面设计上，应结合文化主题制订改造设计方案，尽可能将传统文化符号体现在建筑设计上，注重地域文化的融入，真正提高乡村民居建筑维护及改造效果。当前国家提出了振兴乡村的战略，每个地方都应积极主动抓住机遇，绿色规划、科学建设。借助相关的有利政策，逐步治理乡村的生态，改善人们的居住环境，把握时代脉搏，结合自身的具体情况，有效地保护和改造特色民居，让建筑回归本源，实实在在为人所居、为人所用。

（八）加强宣传，强化游客保护传统民居建筑意识

加强对游客宣传力度，强化其保护传统民居建筑的意识。同时限定每天参观民居时间和人数，减轻旅游参观对民居建筑和居民生活影响，还要做好定期维护保养工作。传统民居建筑既可以有效改造利用，又能得到合理的保护。

第五节　乡村传统建筑改造存在的问题

一、传统乡村建筑改造存在的问题

（一）传统乡村建筑面临拆除的状况

在乡村的建设改造过程中，传统的乡村建筑被大量拆除，取而代之的是现代化建筑。特别是一些具有悠久历史的古县古宅，是我国几千年来历史文化的沉淀，也是我国历史建筑的瑰宝。一旦这些建筑遭到了拆除，便会对我国的历史遗迹造成致命的破坏。虽然并不是所有的历史古迹都具有一定的历史文化价值，如一些传统的住宅因为年限久远而无法居住，无论是住宅本身的建筑工艺还是室内设计都不具备一定的研究和保存意义，拆除之后没有太大的影响。但是，一些传统建筑不但有着悠久的历史渊源，而且建筑本身带有浓重的地域文化色彩，同时其装修工艺也非常精湛。对这样的建筑稍加修整，便可使其焕发昔日的光彩。

（二）缺乏对传统建筑的传承

目前，很多乡村传统建筑遭到了拆除和破坏，而许多新修建的建筑为了能够延续原有的传统建筑形态而选择模仿传统建筑，但是这样的模仿建筑仅仅是外形上的仿造，缺乏实质性的内涵，因而无法真正做到对传统建筑的传承。特别是如今很多风景名胜景区内部的建筑大多是仿古建筑，在建设过程中结合当地建筑的外在形式进行模仿，对于其内在的传统文化内涵则无法继承和传承下去，而且仔细观察和研究发现模仿工艺非常粗糙。另外，一些新建的乡村建筑不仅模仿传统建筑的外在形式，而且将现代化元素融入建筑中，最终使建筑显得不伦不类。如果在乡村建设改造过程中采用这些缺乏传统文化内涵的仿古建筑来代替原有的历史遗迹建筑，那么这样的传承实质上也代表着传统建筑的消失。

（三）乡村新建建筑地域风格减弱

在乡村建设改造过程中，造成乡村建筑地域性文化消逝的局面与地区对于传统建筑保护的经费有限有关，同时与人们对乡村建筑的文化价值的认识、城镇发展规划有很大的关系。近年来，不少地方对于乡村建筑价值的认识只停留在旅游开发的价值上，而对于其丰富的历史、科学、社会、艺术等价值方面认识不足。加之片面追求乡土建筑的经济价值，重开发利用、轻保护管理的现象相当普遍，造成很多传统建筑价值无法得到体现，也使整个乡村的经济无法得到较大的提升。尤其是在新农村建设中，很多村民误把新农村建设理解为新村建设运动，存在简单的城镇化倾向，并没有考虑到乡村传统建筑真正的价值，也没有考虑民族文化传承问题，造成乡村、民族、历史、地域特色的全面丧失。

由于部分地方政府过度关注政绩，急于求成，忽视乡村建设改造中的自然生态环境和乡土文化内涵，尤其是对于乡村历史文化传承重视不足，为"立竿见影"，千篇一律进行仿古村镇规划、兵营式布局。俗话说，十里不同风，百里不同俗。每个地方的建筑、文化、风貌、环境都有自己的特点。然而，个别地方为了发展乡村旅游，编造一些历史人物或故事，生拉硬套，长此以往会影响人们正确的历史观。在进行乡村建设改造前期，应大力走访调研，制订适宜本地区特色的建设方案。

另外，在新农村发展规划上忽视对传统乡村建筑的保护，而且农民求新求异的自建房，使原有的特色建筑风格消失殆尽。近年来，我国乡村居民的生活水平不断提高，很多乡村居民开始向往城市的生活方式。但是，当前很多乡镇居民居住的仍然是祖传下来的私人房产，虽然有着很高的历史文化价值，但是由于岁月的流逝，逐渐老化陈旧，已经不能满足乡村居民的生活需求。但在一户一宅政策的限制下，村民纷纷营造新房或旧房翻新。在这个过程中许多人放弃传统模式，盖起各式各样的洋楼，使原来的住宅风格逐渐消失，而乡村建筑中的区域特色随之消逝。

（四）民宿水平参差不齐，没有统一标准

近年来，为带动地方经济发展，分散节假日人流，尤其是提高农村、农民收入，许多村镇大力发展乡村旅游。个性化又接地气的民宿成为"香饽饽"，市场持续升温，成为乡村旅游的热点资源。部分农民抓住时机，进行民宿建设，一方面可以让游客体验乡村生活，亲近自然；另一方面利用农闲时间为自己增收。然而，随着民宿的快速发展，暴露出了众多问题。部分民宿卫生状况较差，

旺季临时加价，服务质量参差不齐，一方面破坏了游客的游赏心情，另一方面也给乡村形象带来了负面影响，从长远来看不利于乡村的建设与发展。由于村民法律意识薄弱，许多民宿无照经营，没有统一准入门槛、卫生标准、服务标准等，必然制约各乡村民宿的蓬勃发展。因此，应在现有行业相关法规的基础上，制定针对本地特色的民宿建设和管理规范或给出具体指导意见。

（五）投资有限，改造力度不够，建设效果不明显

乡村建设改造，不仅要建设乡村建筑、乡村景观，而且要将乡村文化的内涵融入建设中。但是，由于不同地区经济水平有差异，在地方政府的压力下，乡村建设改造又需要短时期出成果，就造成投资有限，而改造缺乏力度，使建设效果不甚明显。个别村镇仅仅将街道翻新，拆除农民私搭乱建的部分简易房屋，没有能够旧貌换新颜。比如，北方旱厕的改造，由于资金欠缺，往往雷声大雨点小，不了了之，未能有效改善农村的村容村貌。因此，应集思广益，鼓励并加大民间投资力度，为乡村建设改造添砖加瓦。

（六）未出台相应规划的管理措施

与城市规划类似，大部分乡村建设改造的规划往往只是一张图纸、一册规划编制，而缺乏详尽的规划实施方案。在实际的乡村建设改造中，往往会有各种各样的问题，这就需要出台有效的管理措施，具体问题具体分析。当建设与生态、环境出现矛盾时，应立即采取相应政策予以支持，并能立刻由相关人员进行管理解决。

（七）植物种植过于城市化，缺乏地方风情

乡土植物在当今的园林绿化应用中越来越受欢迎，其不仅能表现出自然山林的野趣，更符合现代人对自然追求的心理特征。不同地区的乡土植物不同，而乡村建设改造的景观建设离不开这些乡土植物的应用。乡土植物能体现地方风情，成本低，取材容易，成活率高，便于管理。然而，在当前的乡村建设改造中，许多村镇景观规划千篇一律模仿城市，失去了原有的地方特色。比如鹿泉区岗上村，原有的街道两侧种植着枣树、柿树、核桃等绿植，不仅体现了冀中平原的乡村特色，而且为各家提供了新鲜的果品来源。但由于政府规划，将其全部砍伐，统一种植龙爪槐，导致乡村中的绿色植物城市化严重，失去了乡村风情。而且未满足农村行道树的种植需求，违背了乡村建设改造的初衷。因此，政府职能部门在进行乡村建设改造规划时应因地制宜，适当地进行植物种植设计。

二、乡村建筑改造发展建议

（一）保留地方民族文化特色

在当下不断加快的城镇化发展进程中，乡村建筑的传统文化正在逐渐消失，逐渐出现的是大批千篇一律的建筑风格相似的新建筑。不论是南方地区还是北方地区，或是少数民族地区，乡村建筑物和民间建筑相互仿造，因而丧失了地域文化特色，同时不具有真正意义的现代性，使乡村建筑的发展陷入尴尬境地。然而，如果在乡村建筑设计与建设过程中延用当地优秀的传统建筑元素，汲取当地民间优秀传统文化符号，提炼出适合与当下建筑设计相契合的素材，并应用到乡村建筑建设中，这既能满足乡村居民的现代化生活需要，又是对传统建筑文化的传承。

（二）适宜当地气候与自然环境

无论是南方地区还是北方地区，乡村建筑有一个共同点，即贴近自然。所以，在新建乡村建筑时一定要与当地的气候和自然环境相结合，使建设出来的建筑能够适应当地的变化。如今很多乡村地区的建筑风格非常相似，为改变这一现状，需要考虑不同地域、不同气候状况及不同自然环境。因为我国各个地区气候、地理环境差异较大，不同地区的建筑的功能性和实用性不尽相同，所以建筑环保、节能设计要求的侧重面不尽相同，这些差异可以体现在乡村建筑中。总之，现代的建造工艺与环境的融合，是乡村建筑走向特色化的一个重要因素。

（三）建立传统古建筑的保护评价标准

在乡村中，因为土地面积有限，所以大部分新建筑是在旧的建筑地址上进行重建。但是从发展的角度来看，新建筑建设的同时也需要对旧的优秀传统建筑加以保护，这样二者合理的融合才能将乡村发展与地域特色结合起来。所以，在重建的过程中对于许多传统古建筑是保留还是拆除需要进行认真探究。并不是所有的旧的传统建筑都具有一定的人文价值，有些过分残损的建筑保留意义不大，而有的则需要深度修缮或是部分改造才能得以保留。所以，建立并执行对传统建筑的保护评价标准显得十分必要。建立标准不仅仅要对鉴定地古建筑情况进行详细的划分，而且需要对各个部分的艺术价值进行考量和评估。对何种情况应拆除、何种情况应局部保留以及何种情况将进行何种程度的修缮等，都需要提供标准和保护措施。我国在这方面的标准不完善且不统一，所以需要早日完善这些标准，给古建筑的保护提供一定的保障。

　　总之，我国的乡村传统建筑在城镇化的发展过程中不断消亡，需要引起相关部门的重视，乡镇居民也要正视传统建筑的历史文化价值，在追求现代化生活的同时应保护传统建筑，让传统建筑中的建筑文化能够永续地继承和发展下去。

第七章 建筑改造设计理念与策略

第一节 项目设计思考

以湖南祁东�беu塘村为例

祁东县步云桥镇牿塘村是一个省级山区贫困村，作为重点扶贫对象，我们要响应习近平总书记的号召，进行脱贫攻坚工作。场地多以山地和丘陵为主，耕地相对稀少，种植物以黄花菜、红薯等传统农作物为主。此外，牿塘村位于著名的道教圣地——杏湖山道观脚下，背靠杨家台水库，是杏湖湿地区域的重要组成部分，森林资源丰富，环境优美。随着杏湖山新道观以及通山公路的建成，吸引了周边大量的游客，这为以后大力发展旅游业打下了基础，也为周边村落的民居改造提供了设计方面的借鉴与思考，不仅适用于乡村地区的新建建筑，同时也适用于传统老旧建筑及周围景观的改造设计。

一、项目的设计理念

通过前文对乡村改造的方法策略及国内外优秀乡村建筑改造的设计案例分析，得出一系列可以借鉴的理论、策略以及设计研究方法，例如：针对废弃民居的建筑外立面修缮中，为了提高使用者的舒适度，在维持原貌的基础上可对建筑立面进行采光、通风等改造设计，增加大面积的落地窗，提高与乡村自然的亲密性；对于建筑入口不够明显的部分，可以采用锈钢板或U型玻璃来突出强调，其造型要与周围建筑和谐统一，避免过于突兀；材料的运用上，不仅要与乡村的整体风貌达到统一，还要使得内部空间干净纯粹，避免过于繁杂；在改造设计过程中还要顺应乡村脉络、保留并继承当地传统的建筑技艺、融合当地特色文化来打造独具地域特色的建筑风格。通过这些方法与第三章中牿塘村场地实地调查的结合，总结出以下几点：

（一）以建设美丽乡村为主题

实施乡村振兴战略时，要将生态文明建设重点强调，坚决杜绝以破坏生态环境为前提发展的传统模式。建造新建筑时要做好环境保护措施，贯彻可持续发展理念。改造乡村建筑时，要避免过度追求视觉冲击与经济效益，要保护现存乡村建筑，防止改造对生态环境产生不良影响。在乡村建筑改造设计时，当地政府要将美丽乡村的口号深入乡村，主动探索乡村建筑特色，如乡村建筑所蕴含的历史意义，或文化研究价值等。要以保护乡村生态环境为前提，对乡村建筑实施合理化改造，将先进技术应用到乡村建筑改造工作中，赋予乡村建筑更多意义，确保乡村保持原有特色的同时，还能增加时代气息，优化乡村建设效果，升华乡村建筑整体效果。此外，建设以美丽乡村为主题的建筑，要保证能具备充足的活动空间，做好乡村建筑土地规划，充分利用乡村土地资源建设美丽乡村，实现乡村振兴目标。

（二）保护乡村生态系统环境

开展新型乡村建设改造工作时，要注意保护原有生态环境，避免对生态环境中的各种生物产生恶劣影响。乡村生态建筑在施工建造时，并不会对乡村生态环境造成太大的破坏与影响，所以乡村生态系统相对能够保持完好。生态系统环境中的各类小微生物，都具有一定存在价值。生态系统中不仅包含各种动植物，还包含各种无机物等，使其参与生存中的原料相互循环，共同努力保持整个生态系统的平衡性。要避免因缺少各类生物或有机物影响生态平衡，对乡村生态系统造成恶劣影响。开展乡村建筑建设工作时，要保证乡村生态平衡和尊重自然，实现自然与人的和谐共处。

（三）保留乡村环境艺术

无论是中小乡村还是发达城市，都同样具备着浓厚的民族历史感和文化氛围。城市生活环境中通常包含多层高耸的写字楼、宽阔马路以及现代化建筑。乡村生态环境则通常包括茂盛的乡村农作物、广阔的乡村田野等。为此，开展优秀乡村特点建筑艺术改造设计工作时，要高度重视维护优秀乡村建筑原有特色环境，将优秀乡村特点建筑加以挖掘、留存，确保乡村建筑特点不受改造影响。设计师要以此为艺术基础，利用科学化的技术手段，保留乡村原有环境建筑艺术，丰富乡村建筑美感与艺术感，充分发挥实施乡村振兴具体战略作用。

（四）传递原有乡村文化

对乡村特色建筑设计实施设计改造时，设计师常会将一些个人或业主的主观喜好的思想掺杂、运用到乡村建筑设计中，致使许多乡村特色建筑都常带有一些设计师出于个人主观喜好的特色。尽管这些出自建筑师或业主个人因素的建筑景观都具备明显的特点，但却完全忽略了乡村建筑与周围环境的自然共鸣性，导致建筑与乡村环境间产生不协调的现象。如图 7-1，是梅州市某客家村落中的一个村民住宅，完全忽略了自然环境和传统客家建筑文化，强行植入区域环境，完全破坏了当地的传统建筑文化及自然环境。

尤其在对一些大面积的小型乡村地区建筑环境实施设计改造时，给予人的建筑整体景观感觉，并未完全达到人们预期中的效果。为有效防止该区各类不良现象再次产生，设计师要在乡村建筑改造前，主动收集乡村文化核心内容，了解乡村特色与历史，将乡村文化有机结合到乡村建筑的建设中，以实现乡村建筑具备本土文化色彩，而非建筑师或业主个人色彩目标，借此保证乡村建筑的整体效果与美感，以实现传递原有乡村文化目的，将乡村建筑与传统文化完美结合。

图 7-1　梅州市某客家村落中的一个村民住宅

二、项目的功能需求

（一）场地一

（1）建筑功能：作为村民活动中心，其包含的功能有展示庠塘村发展历史的村史馆、阅览室、文创手工艺展示区、文创工作室、可供村民休闲的戏台区等；

（2）景观功能：包含小型交流区、游廊观景区、休息区等。

（二）场地二

（1）建筑功能：作为体验型的民宿建筑，其包含了可供 18-20 人住宿的客房、厨房体验区、半开放室外就餐区、村民住房、仓储室等；

（2）景观功能：包含可供游客体验的黄花菜晾晒区、网红打卡摄影区、乡村生活体验区、小型交流区、休闲娱乐区等等。

三、项目的设计策略

区别于乡村新建建筑，改造的建筑多为从"旧"到"新"。在传统的改造策略上，设计师常认为"非新即旧"，陷入了新与旧的两个极端，在设计方法上，也是一个非常果断的处理建筑，多采用"去还是留"，因次大多数建筑改造最终的结果往往是大尺度拆除旧建，新建建筑。并没有从根本上研究乡村建筑价值。

建筑不是一个单独、独立的系统，而要与现有的一切发生对话关系，包括与旧建筑、与场地、与使用者、与环境等，还包括和历史、和文化、和情感的交流，最终做到多方面的统一整合。

在具体乡建改造过程中，对新旧部分的不同理解与判断，笔者总结出四种改造策略，即"守与留""合与并""破与创""离与升。"

（一）守与留——保护为主

保护为主的策略，主要针对两种类型建筑。其一是保留较好的建筑，如主体结构、屋面、外装饰、墙面等建筑主要构件维护较好，采用整体保留，这样一来，可以减少工程量，节省造价。另外一种则是重点类建筑，此类建筑有较高的建筑价值。针对第二类建筑，在具体改造措施上，主要以修缮、恢复为主，最大限度还原建筑文化特征，让文化性得到延续。守住建筑文化，保留建筑主体，是"守与留"改造策略的核心思想。

1. 综合处理隐藏新建

"钟鼓楼·北京时间"博物馆改造前是传统的北京四合院，位于北京中轴线故宫北侧，整个片区都是 1-2 层传统四合院，属于北京市重点保护区域。在建筑造型与立面处理上，设计师最大限度地保留建筑，门窗、屋檐、屋顶等细部进行了修缮，确保风貌与大区域统一。现将原始的住宅建筑改造为博物院，使用功能发生了较大的变化，为了保护城市肌理，又满足新功能的需求，对基地地下进行大尺度的开发利用，在地下设置停车、展厅、拍卖与办公后勤等功能空间。（图 7-2）

图7-2 "钟鼓楼·北京时间"博物馆

2. 传统工艺，修旧如旧

如前文所述，对于建筑结构相对稳定的乡村建筑，在处理方式上选择修旧如旧的方法。若当地有施工工艺较好的工匠、艺人，则更能巧妙地使建筑重回"旧"的状态。老旧建筑为了满足新功能改变、置换，设计师要对其进行局部调整。旧的工艺手法加上新的设计理念，做到了新与旧的统一。

中国乡建院郝堂村乡建中心，位于河南省信阳市平桥区五里店办事处东南部郝堂村，乡建培训中心位于村委会东侧，荷塘包围，是进村的第一个建筑物，建筑面积约500m^2（图7-3）。建筑一层为大空间，二层兼备办公和民宿功能。

建筑材料利用传统的旧瓦、旧石料、旧木料、旧砖组合而成，体现传统的建筑精神。为了满足建筑的新功能，设计师对其内部的空间组合采用了现代处理手法。郝堂乡建中心最大的建筑特色在于，使用了老旧建筑材料＋传统工艺施工手法＋现代内部空间组合的设计方法与策略，使其成为当地乃至全国示范性乡村建筑，当地村民纷纷仿效设计策略与手法，统一了乡村整体风貌。

图7-3 中国乡建院郝堂村乡建中心

（二）合与并——新旧共生

这一类建筑改造策略多以新旧共存为主，原建筑有较高的价值。首先还是要对被改造建筑进行局部修复，以此作为基础，并植入新建部分，达到共存、共生的状态。新旧部分表达各自不同的姿态，呈现出对立统一关系。对新与旧各自的价值授予同等的重视，最终使老旧部分与新建部分合并。

新旧共生具体策略与原则包括风貌控制，形式统一；保留符号记忆，记忆重现；形态延续，功能变革；闲置小品，创新多用。此类改造策略，依然尊重原始建筑的形态，改造新建部分小于等于原始部分，新建与老旧合并为新的建筑，达到新旧共生，固命为"合"与"并"。

1. 风貌控制，形式统一

此手法适用于乡镇整体风貌改造提升，如大体量、大尺度的乡村旅游度假区的开发，乡村全域旅游风貌改造。为了凸显地域建筑文化特色，又有统一的风格样式，所以对改造群体建筑的屋顶样式、空间组合、色彩控制、体量有了规模化的要求。

白川乡合掌村位于日本岐阜县白川乡的山麓里，"合掌造"房屋建造于江户至昭和时期。1995 年 12 月，在第 19 届世界遗产委员会上，合掌村被列为世界文化遗产。现在，旅行者们慕名而来，合掌村渐渐发展起观光旅游业，民宿、餐厅与工艺品店多了起来。为了保留传统的遗产风貌，同时又要满足现代乡村新业态旅游发展的建筑功能需求，设计规划者及政府部门并没有对乡村大拆大建。

合掌村在建筑形态上保留了传统的建筑样式，在细部改造设计上，对立面局部的开窗、门廊、雨棚等细部构建进行了微调（图 7-4）。在建筑内部空间及室内设计上，进行了较大的改动，使其外表古朴，内部现代。对于乡村整体景观处理，仅对部分场地做了生态修复，保留了原来的稻田、池塘、花园、排水渠，所以村庄的"原生"感十足。对于不得已的新加建部分，设计者并没有完全复原传统样式，而是提取了合掌村建筑文化精髓，植入到新建建筑中，做到了新与旧的整体风貌、形式的统一。

图 7-4　日本合掌村

2. 保留符号, 记忆再现

此类设计手段, 适用于建筑受损度较大的乡村闲置农宅。其建筑主体严重受损, 无法起到结构支撑作用, 因此需用新材料、新体系进行加建。但为了体现乡村农宅的乡土性、故事感, 老旧的结构体系和墙体依然保留在建筑中, 诉说着历史的情感。

民宿伴屋, 原为百年历史两层老宅, 由于年久失修, 内部木结构体系不稳定, 受损严重, 二层夯土墙严重倾斜, 有塌落危险。甲方原计划重建混凝土洋楼, 设计师多次劝解, 最终对现有建筑进行改造, 保留部分建筑构件, 使其成为整个村子追忆过去的窗口。经过实地勘察和测绘后, 决定拆除已经腐朽的外侧檐柱以及向外倾斜的西侧山墙的二层部分。保留尚且完好的主体木结构以及其他全部夯土墙。

民宿伴屋的改造, 半新半旧。从外部看, 下为旧夯土墙而上为新加玻璃; 从内部看, 底为新浇地面, 而顶为老宅木架。新与旧不是互相退让、对峙、主次的关系, 它们更像是一种奇妙共生, 你中有我、我中有你, 互相产生对话。

3. 形态延续, 功能变革

部分乡村建筑为了迎合旅游市场的发展, 在使用功能上发生了质的变化。原来的农宅自住房变成对外经营的民宿, 原来的祠堂变成了乡村接待中心, 甚至原来的猪圈变成了创客咖啡吧等。使用功能的变化, 致使建筑内部空间重组。

图 7-5　爷爷家青年旅社

爷爷家青年旅社位于松阳县四都乡平田村，建筑性质与功能变化较大。此建筑原为一栋破旧农宅，建筑具有较高的地势，建筑价值高，且保留较好。位置处于核心区域，紧靠村民活动广场，是村民和游客经常休息的场所。（图7-5）建筑定位为精品特色民宿，定位为年轻人短期交流、休憩的场所。在一层空间中，在保留原始的内部空间基础上，设计师进行了局部调整，二层空间彻底打乱，植入新的空间模式，传统的空间讲述古老的故事，新的空间满足年轻人的需求，是形态延续、功能变革的典型案例。

4. 闲置小品，创新多用

乡村是生产性的，乡村的劳作是乡村生活的重要组成部分。随着生产方式的变革，生产农具的更新换代，碾子、磨盘、风车、铁耙等这些淘汰掉的农具在农宅改造中，可以变废为宝，作为景观小品，点缀在设计中。因为乡村景观小品体量较小，就地取材，造价低廉，色彩丰富，有丰富空间、热闹环境的作用。

云夕戴家山度假酒店，位于浙江省。由八栋老旧农宅改造，包括17间客房、1间餐厅。在主题餐厅改造设计上，设计师放弃了传统封闭式屋顶处理方式，将屋顶空间变换为露台。露台的栏杆用300根扫把组成，强调了空间的边界。酒店庭院院墙由竹子构成，上面佩挂玉米、辣椒等农作物（图7-6）。餐厅外立面，将柴火满铺，形成"柴火墙"。戴家山度假酒店大量使用农具、粮草、乡土小品为元素，起到了"乡村民宿"带头示范作用。如此设计，一来可以弱化建筑的冰冷感，二来充满乡土气息，独特的创意让游客耳目一新。

图7-6　云夕戴家山度假酒店

（三）破与创——新旧对比

与新旧共生不同的是，新旧对比更强调"对比"。此类建筑价值一般，设计师根据需求酌情保留或拆除。对立统一，是建筑设计中需要遵循的设计思想，任何一栋优秀的建筑都有一个对立关系，然后统一，也就是说让完全不一样的东西在同一事物里得到体现。乡村农宅改造亦是如此，只有强调对立点、矛盾点，才能凸显出建筑的特色。在具体策略上，包括装饰与色彩的对比、材料与结构的对比、形态与造型的对比、空间与功能的对比。这一类设计手法力度较大，有打破原有状态、创造新的体验之势，故总结为"破"与"创"的设计手法。

1. 新旧材料与结构的对比

民宿伴屋的改造设计对于原主体结构改造较大，保留了局部的夯土墙和木构架。新建部分完全包裹住保留结构。旧木结构体系或隐藏在新建混凝土墙体之内，或附挂在新建混凝土墙体之上，传统木构架和现代砖混结构的对比，混凝土材料与木材材料的碰撞，交织在一起产生新的场所体验。另外，老旧的结构构件在改造后的新空间中，新材料与旧材料、新结构与旧结构、新色彩与旧色彩的一系列对比，也形成了一种空间场所体验。（图7-7）

在伴屋客房中，大的玻璃窗没有透漏远处的风景，而是一面老旧的墙体，厚实的夯土墙和石砌的勒脚清晰可见。以玻璃窗分割，一边是室内现代化的家具小品及人工粉刷过的室内墙体，一边是历经岁月的夯土墙，材料的对比也在诉说着历史与现在，让建筑更具有文化感。

图7-7　民宿伴屋客房

2. 新旧造型对比

舟山云海苑位于舟山群岛，是一栋海景民宿。建筑师为了达到更好的"看海"效果，没有迎合当地的建筑形制形态，转而采用了立方体混凝土，没有任何多余的装饰。新建部分与老旧建筑之间的衔接，用了混凝土连廊，用作停留观景（图7-8）。新建"盒子"与传统旧建筑通过连廊连接，使之形成一个整体。旧的坡屋顶形式与新的立方体混凝土形式出现在一栋建筑里，它们之间的对比和对话,增加了彼此的联系。

图 7-8 舟山云海苑

同样作为海景观景房的船长之家,位于福建省连江县黄岐半岛东北端。当地传统建筑样式为小青瓦坡屋顶,部分新建房为混凝土平顶,整体风貌不统一。设计师并没有完全遵从传统的屋顶样式,也没有随波于新建的平屋顶,而是采用了圆拱形作为屋顶形态。之所以采用圆拱形作为屋顶,一是方便排水,降低了渗水和漏水的可能性,二是因为两边承重墙向上汇聚生成的自然结果(图7-9)。拱顶自身具备谦卑、内敛的形态,不给人以过分侵略的感觉。夜晚华灯初上,出海捕鱼船回到陆地,在灯光的烘托下,优美的拱顶仿佛远方的灯塔,代表平安、祥和。如此一来,建筑的整体形态相对于周边其他建筑有了明显区别,但又融入整体。

图 7-9 船长之家

(四)离与升——建筑再生

为适应旅游乡村新业态背景下的乡建功能需求,以物尽其用为出发点,重新设计、加建、改建作为设计策略,将建筑改造成具有传统特色、地域性的建筑。此类建筑价值往往一般。这种加建与改造对建筑产生较大的影响,涉及外立面、内部空间、整体造型及细部构建，对建筑整个状态有了较大的改变。

1. 灵便加建与改造

杭州云树酒店位于杭州市西湖区西南侧的翁家山，原建筑共 5 层，是村民自建住宅楼。村民对建筑进行过若干次改造，建筑结构为钢结构和砖混杂；建筑立面也有好几种杂乱的设计语言，中式屋顶与欧式线脚搭配；在庭院景观上，围栏材质与建筑本体完全脱离。为了达到星级酒店的品质，建筑师在预算有限的前提下，没有完全拆除杂乱的建筑，而是对建筑空间重新进行了梳理，局部进行了加建与改造，使建筑焕然一新，成为一个整体。建筑师打破了原有的空间秩序，在室外空间上，增加了三处公共庭院及三处私人高端套房庭院；建筑内部也进了较大的改动，外延了套房空间作为室内挑台；加建了屋顶露台，增加了屋檐的出檐尺寸，形成了屋顶花园空间。（图 7-10）

图 7-10　杭州云树酒店外观

改造后的建筑，在外部形态上与内部空间上均有了很大的改变，但本着"建筑改造"的原则，没有将原来的建筑拆除，而是物尽其用，灵活加建，这样一来满足了功能需求，也可适当降低工程造价。

2. 形式更新，功能增添

芝加哥学派的现代主义建筑大师路易斯·沙利文曾说过，建筑形式追随功能，后期又有被誉为现代主义大师的格罗皮乌斯提出的功能决定形式，可见建筑中的形式与功能及空间的关系,在建筑学界中一直被研究。新业态下乡村建筑改造,大多数建筑功能产生了大的变动,与之相对应的建筑空间与建筑形态必然发生变化。建筑改造后的新样式、新形势与改造前建筑的"旧"空间,并不是彼此完全对立、碰撞的关系,而是"叠加""涵盖""交融""对比"的和谐关系。

这些空间的相互联系,既满足了建筑功能需求,又丰富了建筑空间体验。简而言之,形式更新、功能增添既对改造对象的形式进行大尺度更换、更替、更新,同时也增添了新的功能。这样改造后的"新"建筑打破人们传统思维,新的场所创造新的功能空间,让游客和村民也有了新体验。

福建下石村桥上书屋属于早期乡村建筑,由著名中国青年建筑师李晓东主持设计。改造前的建筑原是溪流上的一处小桥,传说由溪水划分的两个村落互为仇敌,划渠为界,互不往来。改造后的建筑变为桥上书屋,建筑体量非常小,但功能十分齐全,包括两个小型教室、一个小图书馆、两个舞台、一个商店,多个功能块全部安装在桥上。建筑功能由原来的桥梁通行的单一功能转换为教室、购物、阅读、通行多重功能,也由原来的单一性空间变成多个空间组合。(图7-11)

图7-11 福建下石村桥上书屋

(五)适应性改造设计

适应性最早是生物学的一个行为概念,是指生物经由生理、形态、行为或遗传上的改变,顺应周遭环境,提高生物适合性的过程。道格拉斯在《建筑适应性》中指出建筑的适应是在除去对建筑的维护外,还包括对建筑的任何工作,以更改其容量、功能或性能。

建筑适应性反映的是建筑进行自我调整适应环境变化的能力。建筑的自我调整主要是通过改变建筑内部的空间、结构和材料等内容来应对在不同历史时期、不同技术条件下,对不同功能空间的需求。建筑的适应性设计要求建筑从环境、空间、结构和材料等要素去考虑，它们之间的相互影响、相互作用推动建筑功能的使用，而不是孤立地去看各要素。建筑适应性不仅是关于建筑物质空间形态的研究，而是从人类需求出发，综合研究建筑与自然、社会、文化、历史、经济等关系的设计思想、原理和技术。

建筑适应性改造作为一种设计的方法论，究其根本是反映建筑适应性理论和设计的关联性。对建筑的改造过程可以理解为建筑作为一个系统与内部各要素在重新相互作用的基础上适应环境的过程，即在建筑改造过程中如何重新处理建筑的基本要素。

1. 核心思想

乡村建筑的改造是延续乡村文脉的一种重要表达方式，通过对原有建筑进行改造，为场地提供一个新的功能场所。乡村建筑改造的核心思想是建筑的可持续发展观，通过对建筑改造注入新的功能和形态，剔除没有价值部分，延续建筑的使用寿命。其可持续观体现在以下三个方面。

（1）乡村发展成本的节约。传统的乡村发展模式以建筑的推倒重建为主，耗费了大量的人力、物力和其他资源。对原有建筑的改造可以实现建筑资源的循环利用，减少资源浪费和环境污染。

（2）乡土文脉的延续。乡村错落的肌理与自然环境是在长期的建造过程中通过不断地自我调整，自发形成的一种稳定的状态。通过对乡村既有建筑进行改造，既保存建筑存在的价值，保留原始乡村的视觉和知觉体验，又延续传统建筑的整体形式和风貌，提升现有村民生活品质，保持乡村特色长远发展。

（3）适宜的建造工艺。传统的建造工艺适应了当地的自然环境和气候，是基于当地材料创造的工艺文化。在不同地域环境下形成的各式各样的建筑进而促进了丰富的建造工艺的形成。传统乡村建筑的被动式节能方式在当前乡村建筑的建造方式上仍具有重要的借鉴意义。提取适应地域和气候的建造技术并加以优化和利用是建筑可持续发展的重要方式之一。

2. 设计内容

乡村建筑是地域环境的产物，受当地气候、材料、人文环境等方面的影响，与此同时这些条件也为建筑改造提供了多种可能性。对乡村建筑进行改造时，要顺应当地的自然地貌，与当地的自然环境融合，尊重当地的乡土文化，从建筑的建造技艺、空间构成、材料运用等方面去考虑，采取与当地环境相适应的设计手法。对乡村建筑改造的设计内容其适应性主要体现在以下四个方面。

（1）功能空间的适应。对建筑进行功能置换，使其提供多样的空间适应当前丰富多彩的乡村生活。随着经济的发展，传统的单一活动空间已无法满足村民对丰富多彩的现代生活方式的需求。

（2）结构的适应。乡村建筑的结构由于常年累月地使用，出现了不同程度的损坏。通过对不同建筑进行评测，选择结构的改良修复或植入新的结构体系。村民对改造后的建筑有更高的要求，其空间需要更加灵活和开放。而这些新的空间尺度和形态均需要相对应的建造技术的支持。

（3）材料的适应。建筑材料是建筑呈现的物质基础，材料的运用是表达建筑形式与文化的方式。传统乡土材料饱含着人们的历史情节，乡土材料的运用对乡土文脉和地域性的延续起到重要的作用，运用这些地域特色元素进行乡村复兴建设。建筑材料的适应还包括对新型材料的运用，新型材料拥有更好的力学性能、可塑性以及建筑性能。

（4）建筑生态的适应。建筑生态的适应要求建筑师在改造过程中回应建筑所处的自然环境和人工环境。在处理建筑空间场地关系时，遵循整个村落的肌理，保留场地内的自然景观要素。在适应自然条件的基础上，尊重村落的空间脉络，延续村落肌理并回应场地关系，利用和改造脆弱的生态环境，让改造后的建筑充分融入村落的建筑环境中。

基于以上论述，给出湖南祁东戽塘村项目设计改造的思考：

1. 建筑整体上保持原有的砖木结构，对于破损严重，无法起到支撑固定作用的部分采取钢结构进行加固。

2. 材料上对建筑部分具有浓郁乡村特色的土坯墙和烧砖墙进行保留，与现代材料玻璃、钢架进行结合，在保证室内空间干净纯粹的同时，也能留下乡村文化的记忆点。

3. 新建的民宿部分同样会采用坡屋顶及戽塘村典型民居"三连间"式的布局形式，与周围景观和建筑相互相融。

4. 建筑与建筑之间增加游廊，既能起到连接作用，还能丰富景观空间。

5. 两处场地的建筑技艺、材料应用基本一样，其定位也是在戽塘村宏观规划的背景下，结合场地地形地貌进行功能的分布。

第二节　项目草案设计比较与分析

一、草案设计与分析

（一）场地一方案一

继承"堂厢式"民居的主要特点，将"堂屋"中间的隔墙打通，作为整个场地的中心功能，展示庢塘村文化历史。左侧区域为"静"空间，设置阅览室；右侧区域为"闹"空间，设置戏台、文创展示区等。（图7-12）

缺点：

1. 中间庭院过于单一，空间没有充分利用；

2. 两栋建筑过于分离，缺少连接性；

3. 村史馆空间功能性不强，没有充分利用到传统民居的优势；

4. 戏台过于独立，未考虑雨天游客躲雨的情况；

5. 景观单一。

优点：

1. 功能分区较合理，动静分离；

2. 增加戏台，丰富村民日常生活；

3. 增加文创手工艺展示区，传承庢塘村传统技艺。

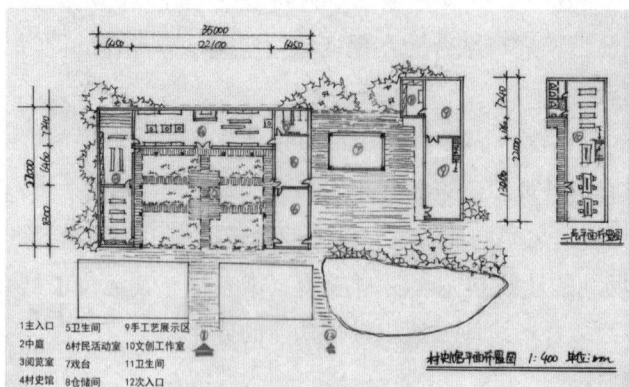

图7-12　场地一方案一平面

1. 功能分区

整个建筑的功能分区为七个部分，分别是：阅览室、村史馆、村民活动室、中庭景观、戏台、文创手工艺展示区、文创工作室。（图7-13）

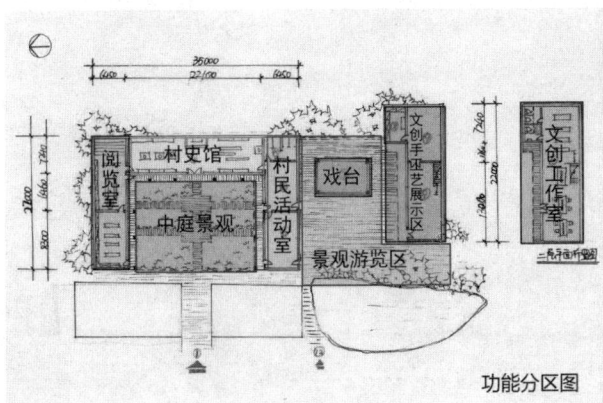

图7-13 功能分区

2. 景观分析

草图中景观分析包括主要景观节点、次要景观节点以及景观轴线。主要景观节点分布在建筑入口前方的水池及水池前方的黄花菜田处，次要景观节点分布在建筑背面。景观节点过于单一，层次太少。（图7-14）

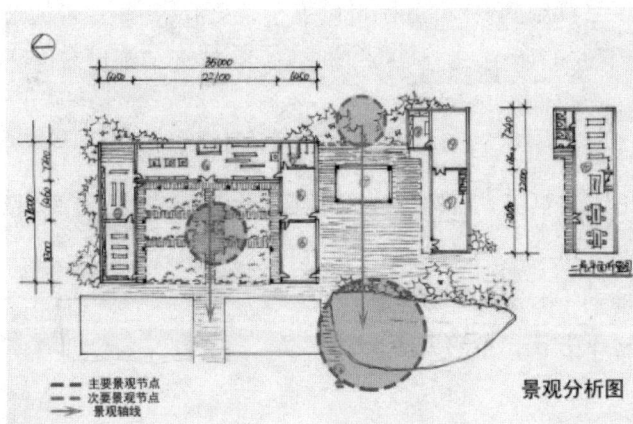

图7-14 景观分析

3. 交通流线分析

草图中包含了主要的两条人行流线，红色为主要流线，蓝色为次要流线。主要流线集中在以村史馆为中心的区域，为游客的主要游览流线。次要流线分布在其余功能空间中，为村民的主要使用流线。流线分布稍显集中，不够丰富。（图 7-15）

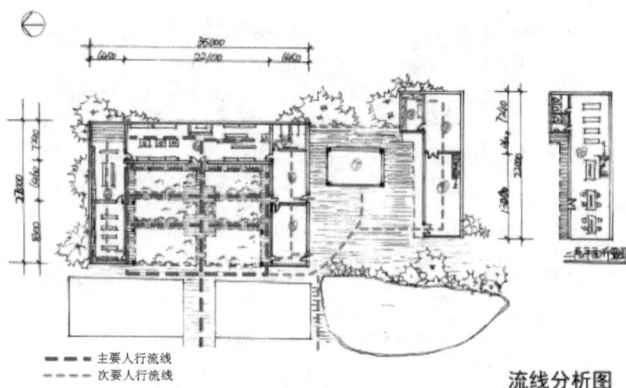

图 7-15　流线分析

（二）场地一方案二

保持原本功能分区定位，通过增加游廊来连接三个单体建筑。打通村史馆的后门，丰富了景观空间。中间庭院增设了小型交流区，采用现代玻璃材料打造，不阻挡周围建筑的可观性，也丰富了功能空间，体现了现代与传统的结合。（图 7-16）

缺点：

1. 由于主体建筑前方有两栋现代化砖混建筑遮挡，没有突出建筑主入口，主入口缺乏辨识性；

2. 村民活动中心空间不够细化；

3. 布局过于方正，不够灵活。

优点：

1. 增加了建筑之间的连通性；

2. 景观节点增多。

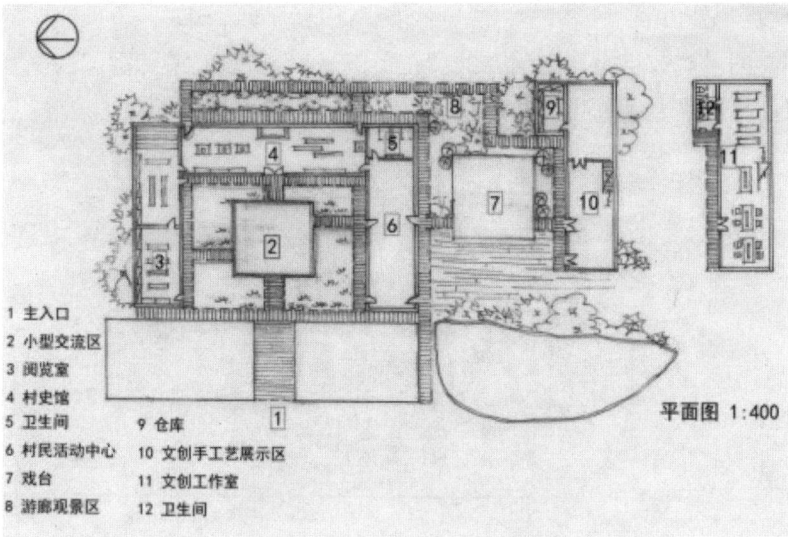

图 7-16　场地—方案二平面

1　功能分区

整个建筑功能分区为七个部分，分别是：阅览室、村史馆、小型交流活动中心、村民活动中心、游廊观景区、戏台、文创手工艺展示区。各功能空间由游廊连接。（图 7-17）

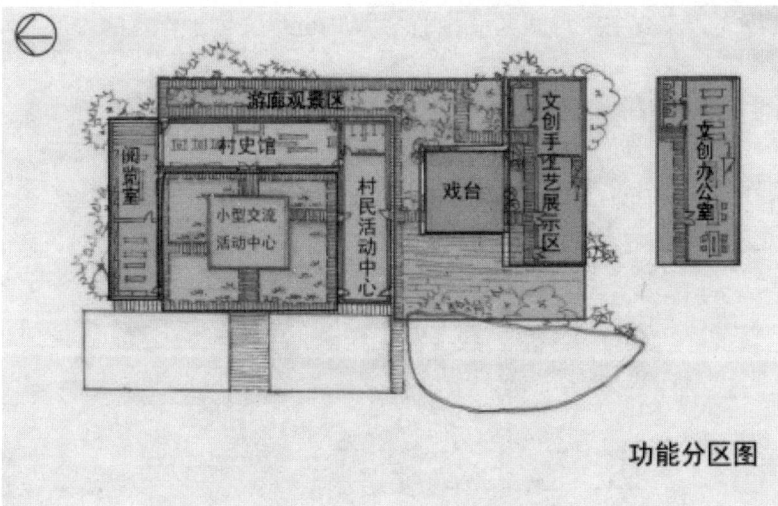

图 7-17　功能分区

2. 景观分析

主要的景观节点为建筑前方的黄花菜田、池塘节点及游廊围起的庭院节点。次要的景观节点为建筑周围分布的小型庭院。（图 7-18）

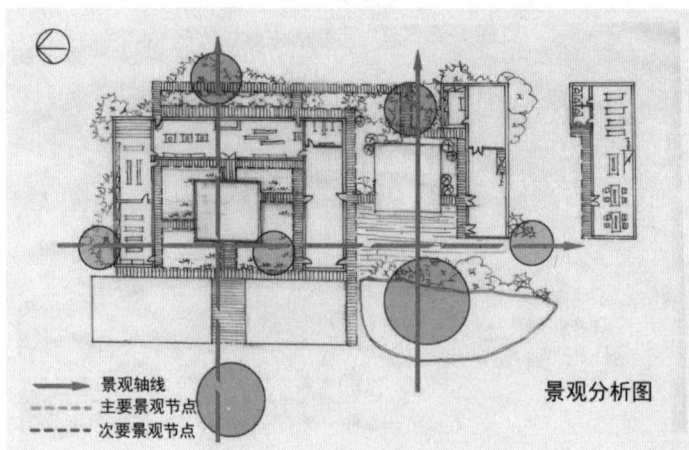

图 7-18　景观分析

3. 交通流线分析

红色虚线为主要人行流线，从入口经过中间的小型交流区这个交通枢纽，可到达村史馆、阅览室、村民活动中心等多个空间。次要人行流线经过游廊观景区。3 级人行流线主要为阅览室、村民活动中心、文创工作室的内部移动。（图 7-19）

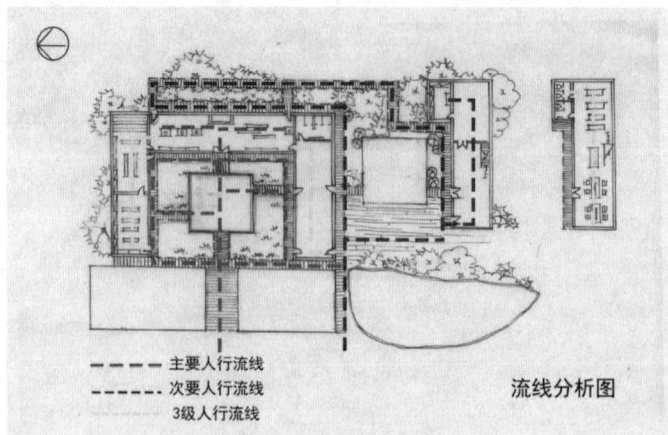

图 7-19　流线分析

（三）场地一方案三

建筑方面，将村史馆东面墙体部分拆除，换以玻璃幕墙来增加空间的通透感以及与周围自然环境的亲密感。将村民活动中心西面原有的一间厢房拆除，改造成一过渡庭院，来连接左右两个庭院，丰富场地空间序列。文创手工艺展示区在原有基础上增建了一间房，采用玻璃材质，利用现代材质与原有旧材质进行融合。

景观方面，利用连廊来围成庭院景观、休息区以及农作物景观，丰富景观空间，加强层次感。设计农作物景观一是与周围自然环境相呼应，整个场地的西面是一大片黄花菜田区；二是作为文创手工艺展示区的参考观察区，在游客学习黄花菜手工艺时，可直接在旁进行观察。（图7-20）

缺点：

1. 未将场地西边两栋村民住房融入设计中，设计不完整；

2. 场地次入口为桥廊，设计太过直接，影响池塘整体景观；

3. 场地中间庭院空间面积有限，不适宜置入农作物景观小景；

4. 公共交流空间不足；

5. 整个场地缺少空间序列感及节奏感。

优点：

1. 建筑空间丰富，通过拆除部分墙体，扩大建筑面积，增强通透性；

2. 传统元素与现代材料融合，增强了新旧对比；

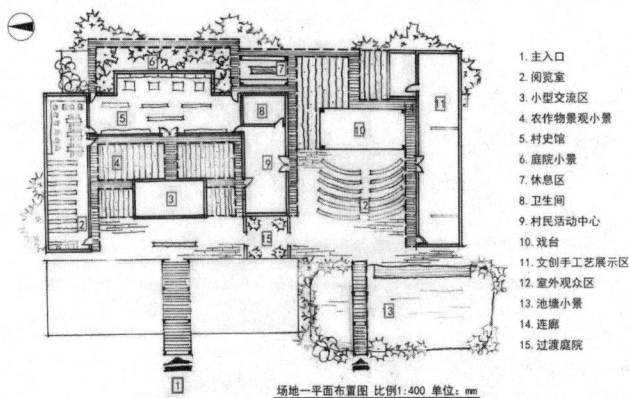

1. 主入口
2. 阅览室
3. 小型交流区
4. 农作物景观小景
5. 村史馆
6. 庭院小景
7. 休息区
8. 卫生间
9. 村民活动中心
10. 戏台
11. 文创手工艺展示区
12. 室外观众区
13. 池塘小景
14. 连廊
15. 过渡庭院

场地一平面布置图 比例1:400 单位：mm

图7-20　场地一方案三平面

1. 功能分区

整个场地的功能分区分为八个主要区域，分别是：景观庭院区、文创手工艺区、戏台活动区、农作物观察区、村民活动中心、休闲讨论区、村史馆、阅览室。（图 7-21）

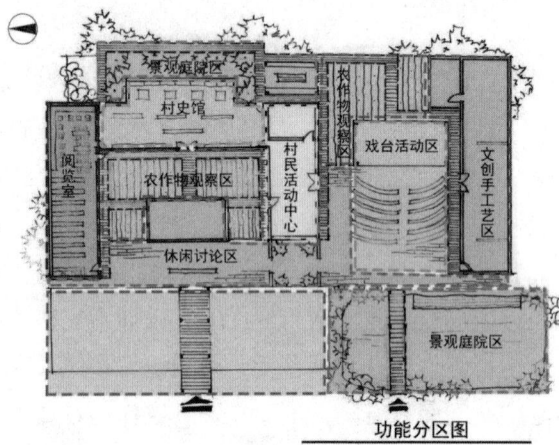

图 7-21　功能分区

2. 景观分析

主要景观节点包括场地西面池塘水景、黄花菜田以及东面的园林景观；次要节点为场地中的过渡性庭院；景观轴线为一条东西轴线、一条西南东北轴线及一条东南西北轴线。（图 7-22）

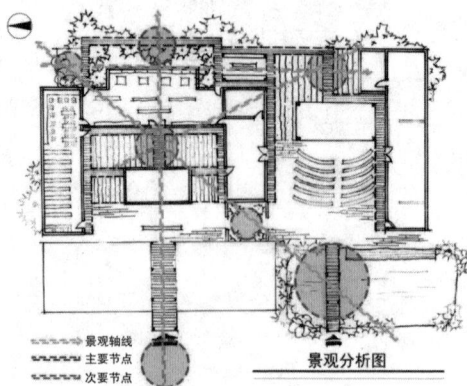

图 7-22　景观分析

3. 交通流线分区

主要人行流线经过主入口、公共交流区、村史馆、村民活动中心及阅览室几个主要功能区域；次要人行流线经过次入口、戏台区、文创区及庭院区几个休闲区域；3级人行流线为部分建筑室内的线路，主要供当地村民使用。（图7-23）

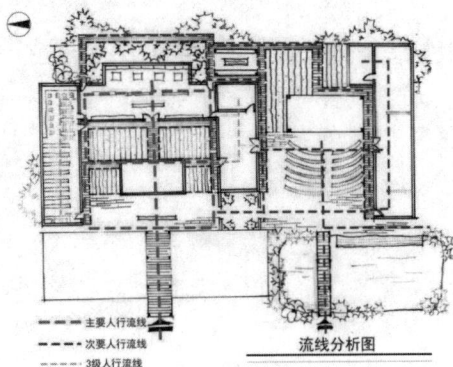

图 7-23　流线分析

（四）场地二方案一

保留建筑原有结构，加固二层阁楼楼板，将一层作为公共活动分区，二层作为客房区，客房三间，可供5～6人使用。利用周围农田和丛林自然环境，丰富景观休闲空间，与乡村体验活动结合，打造体验型的传统建筑民宿改造。（图7-24）

缺点：

1. 客房数量太少；

2. 公共空间过于紧促；

3. 功能分区不够合理；

4. 缺少公共交流区；

5. 景观视线不够流畅；

6. 景观层次不够丰富；

7. 传统与现代的结合不够充分。

优点：

1. 景观的设计结合了周围自然环境；

2. 路线简洁清晰；

3. 建筑空间利用充分。

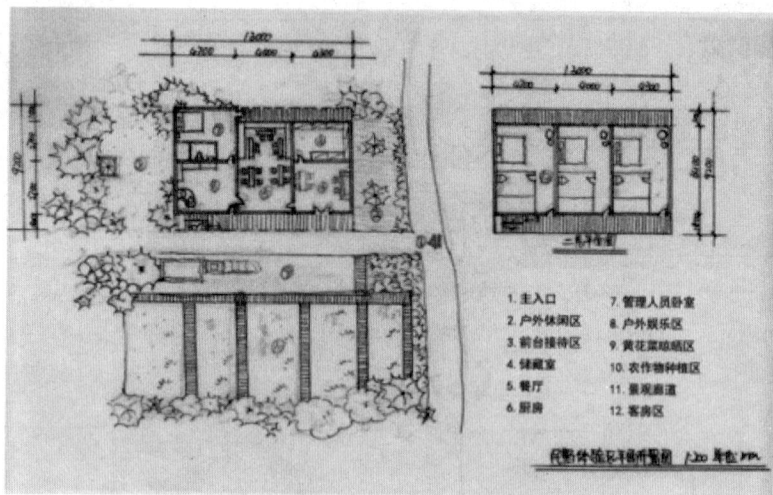

图 7-24 场地二方案—平面

1. 功能分区

场地的功能分区包括：户外休闲区、接待处、储藏间、就餐区、厨房、村民住房区、农作物体验区、摄影区和游客住房区。建筑内部一层空间分布过于紧凑，略显拥挤，部分功能可移至户外。农作物体验区与摄影区功能过于分离，缺少连接性。（图 7-25）

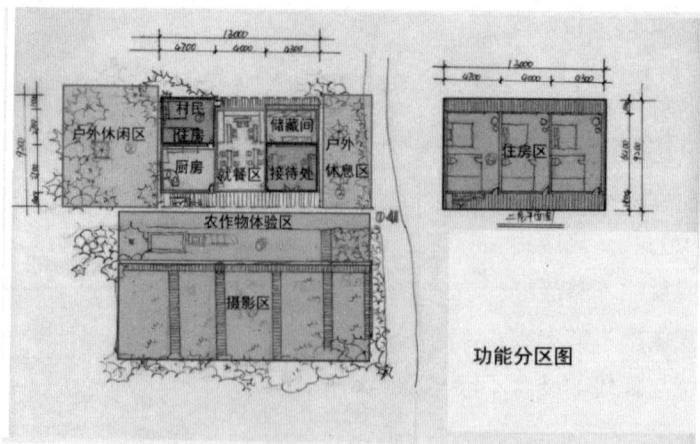

图 7-25 功能分区

2. 景观分析

主要景观节点为民宿正前方的农田，次要景观节点为建筑左侧的小型丛林。景观分布太过简单，缺少层次感，不够丰富。（图 7-26）

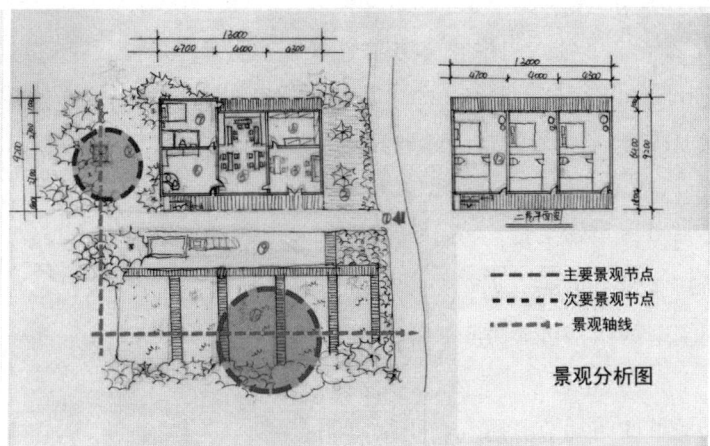

图 7-26 景观分析

3. 交通流线分析

主要人行流线从民宿入口通往户外休闲区；次要人行流线集中在摄影区、就餐区及客房区，是游客的主要路线；3 级人行流线仅供民宿主人使用。流线分布缺少连通性，较为分散。（图 7-27）

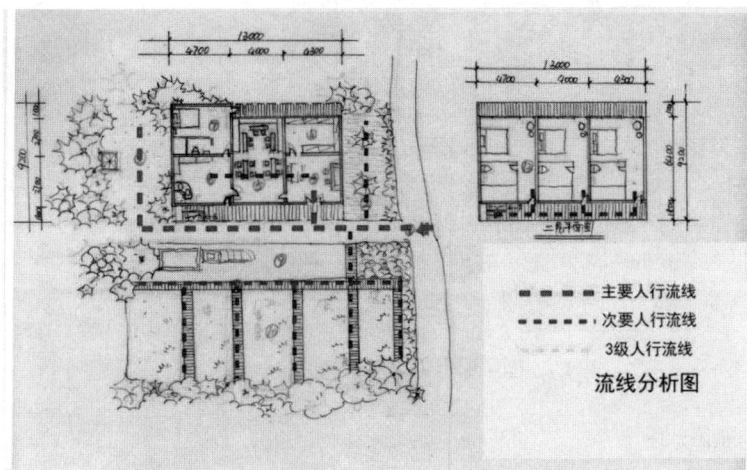

图 7-27 流线分析

（五）场地二方案二

在原建筑的左侧增建了一栋面积同等大小的建筑作为客房使用，建筑材料上采用当地传统建筑材料——木结构和烧砖，再加上现代材料玻璃和钢架的加固，同时增加建筑通透感，与周围自然环境更加紧密。考虑到老房子排水系统不好，在外部增添了公共卫生间。功能空间上重新合理划分旧建筑的公共空间，延续"三连间"的传统建筑形式，中间作为接待处，左侧暗房作为建筑主人使用区，右侧暗房为半开放的就餐体验区。增设连廊连接各建筑主体。（图7-28）

缺点：

1. 景观设计不够丰富；
2. 新建建筑外形缺乏创新，没有进行灵活的改造设计；
3. 建筑空间结构过于方正，缺乏趣味性。

优点：

1. 场地整体布局节奏感强，主次鲜明；
2. 各功能空间之间具有联系性；
3. 增加半开放就餐区和小型交流区，丰富了场地空间。

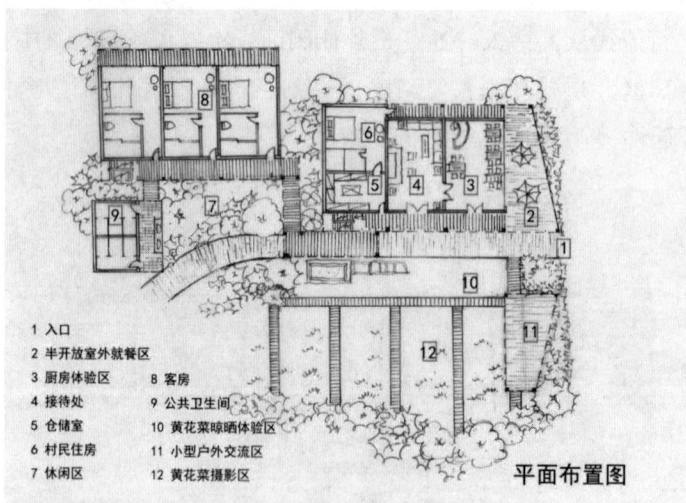

1 入口	
2 半开放室外就餐区	
3 厨房体验区	8 客房
4 接待处	9 公共卫生间
5 仓储室	10 黄花菜晾晒体验区
6 村民住房	11 小型户外交流区
7 休闲区	12 黄花菜摄影区

平面布置图

图7-28　场地二方案二平面

1. 功能分区

整个场地功能分区分为十个区域，分别是：住房区、户外休闲区、公共卫生间、村民住房区、接待处、厨房体验区、户外半开放就餐、黄花菜晾晒体验区、

黄花菜摄影区、小型交流区。空间分布较之前通透感增强，整个场地功能布局有紧有松。（图7-29）

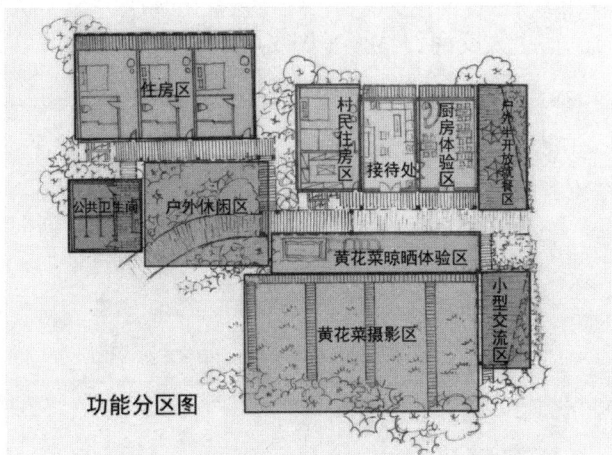

图7-29 功能分区

2．景观分析

主要景观节点为民宿前方的大片黄花菜田以及连廊围起的庭院景观。次要景观节点为建筑周围分布的小型节点。整个场所景观视线丰富，层次感明显，不同的景观轴线有不同的视线感受。（图7-30）。

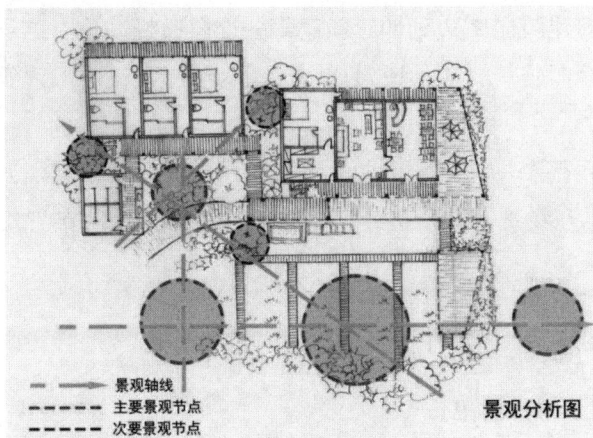

图7-30 景观分析

3. 交通流线分析

主要人行流线从民宿入口到接待处，沿着游廊形成的一个主要环形路线；次要人行路线为游客的主要路线，集中在客房区、就餐区、体验区及摄影区。3级人行路线为民宿主人交通路线。（图7-31）

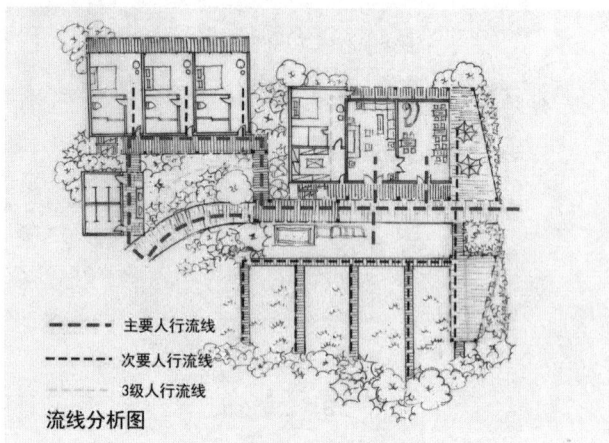

图7-31　流线分析

（六）场地二方案二

建筑部分：入口增设石阶及竹林小径，丰富空间序列感；在场地西面新建一层半开放就餐区，紧邻主要景点——黄花菜摄影区，景观视线丰富，游客体验感好；原有旧建筑向南边延伸，新建部分楼层通畅，没有二层部分，采用玻璃材质，与原有旧建筑材质形成对比，屋顶为坡屋顶，与旧建筑及周围环境协调共生。

景观部分：整个场地划分为两个庭院，由中间一堵砖墙隔开，营造民宿院落的层次空间；在场地不同角落分布体量不一的小型景观节点，丰富院落空间。（图7-32）

缺点：

1. 缺少公共交流空间、小型沙龙空间；

2. 入口小径设计简单；

3. 场地缺少障景，空间序列不够丰富；

4. 缺少公共卫生间。

优点：

1. 形成院落，场地更加完整；

2. 半开放就餐区增加用户体验感。

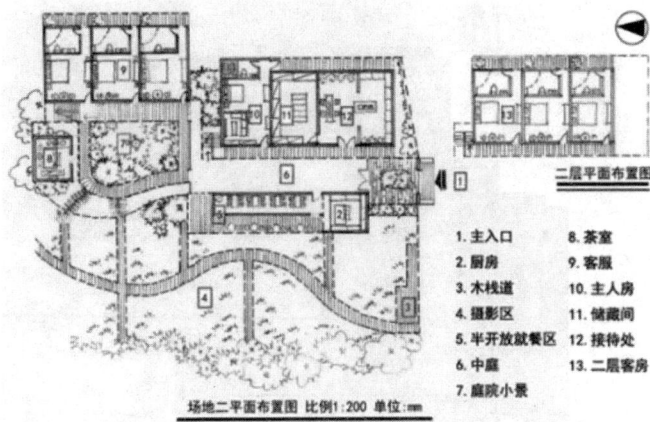

图 7-32 场地二方案三平面

1. 功能分区

整个民宿场地功能分为八个主要区域，分别是：接待处、仓储区、主人住房区、庭院景观区、客房区、茶室区、半开放就餐区以及黄花菜摄影区。(图7-33)

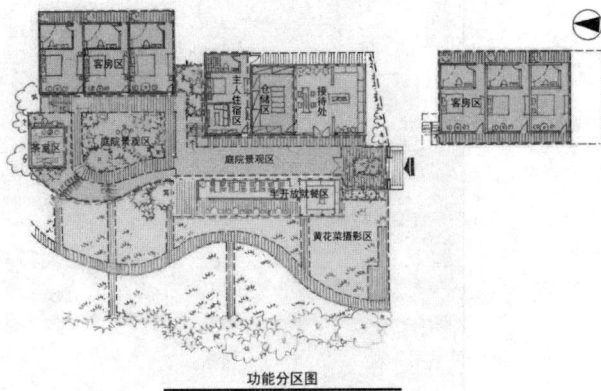

图 7-33 功能分区

2. 景观分析

主要景观节点为黄花菜摄影区以及场地北边院落园林景观；次要景观节点为场地四周分布的小型节点。（图 7-34）

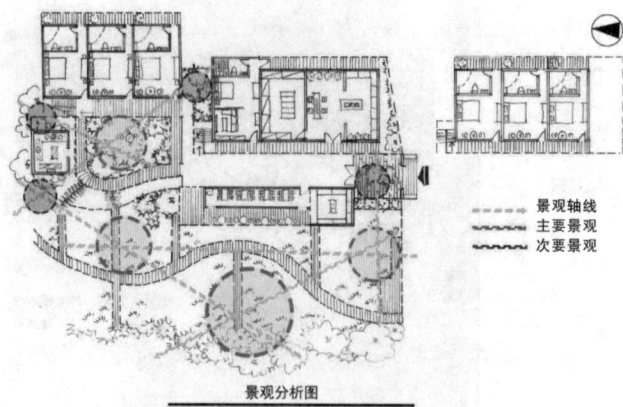

景观轴线
主要景观
次要景观

景观分析图

图 7-34　景观分析

3. 交通流线分区

主要人行流线从入口景观中间庭院到北边院落；次要人行流线经过住宿区、茶室和摄影区，主要为游客使用路线；3 级人行流线为民宿主人使用路线，经过储藏室、主人住房等。（图 7-35）

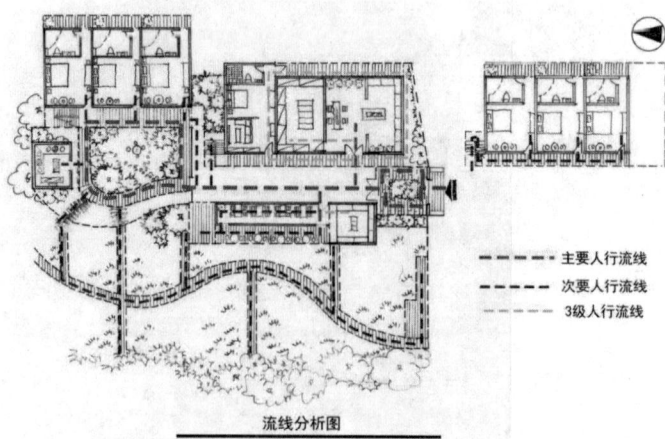

主要人行流线
次要人行流线
3级人行流线

流线分析图

图 7-35　流线分析

二、草图方案对比及总结

	方案一	方案二	方案三
平面图			
平面布局特征	1. 延续原有建筑"堂厢式"布局,在原有建筑基础上进行功能置入。 2. 以村史馆为中心,布局简单、零散。 3. 缺乏整体性。	1. 以村史馆为中心,采用串联式布局。 2. 增设连廊,保证建筑单体间的连通性。 3. 布局方正,不够灵活。	1. 以村史馆为中心采用串联式布局。 2. 增设农作物小景丰富功能空间。 3. 增设过渡庭院连接左右两个主要院落。 4. 缺乏秩序感与节奏感。
建筑特征	1. 保留原有建筑结构,打通二楼楼板,增加建筑通透性。 2. 加入轻钢架构进行加固。 3. 部分墙体采用玻璃幕墙加强室内采光及通风。	1. 保留原有建筑结构,打通二楼楼板,增加建筑通透性。 2. 加入轻钢架构进行加固。 3. 部分墙体采用玻璃幕墙加强室内采光及通风。	1. 保留原有建筑结构,打通二楼楼板,增加建筑通透性。 2. 加入轻钢构进行加固。 3. 部分墙体进行拆除,向外扩建,采用玻璃幕墙,与周围自然环境更贴近。
轴线	轴线单一	轴线丰富	轴线丰富
场地结合程度	场地结合程度一般	场地结合程度一般	场地结合程度良好
功能需求	功能布局单一,缺少办公空间及交流空间	功能布局一般,缺少办公空间及游览空间	功能分区较丰富,有开放性交流空间,也有私密性交流空间
景观庭院	景观庭院缺乏	景观庭院面积太小	景观庭院与农作物庭院结合

	方案一	方案二	方案三
平面图			
平面布局特征	1.建筑延续"三连间"式布局形式，一层公共活动区，二层客房区。 2. 景观以建筑西侧黄花菜田为主进行布局。 3. 布局过于简单，缺少部分功能空间，如交流区、休闲区、客房区。	1. 采用串联式布局，在原有建筑北侧新建一栋作为客房区，建筑形式与原有建筑格局一致 2. 增设连廊连接主体建筑。 3. 布局缺乏整体性，没有形成完整的院落空间。	1. 采用串联式布局，主体建筑延续"三连间"式。 2. 整体布局分为主次两个院落＋一个黄花菜摄影区。 3. 布局丰富，细节需再深入。
建筑特征	1. 保留建筑原有结构。 2. 屋顶适当提高，增加二层高度。 3. 加入轻钢架构进行加固。	1. 保留建筑原有结构。 2. 屋顶适当提高增加二层高度。 3. 加入轻钢架构进行加固。	1. 保留建筑原有结构。 2. 屋顶适当提高增加二层高度。 3. 加入轻钢架进行加固。 4. 部分墙体进行拆除，向外扩建，采用玻璃幕墙，增加建筑通透性。 5. 新建就餐区采用玻璃＋钢架，形成半开放式功能空间。
轴线	轴线单一	轴线丰富	轴线丰富
场地结合程度	场地结合程度一般	场地结合程度良好	场地结合程度较好
功能需求	功能布局过于简单，缺少私密性交流空间、娱乐空间、座院空间	功能布局较完整	功能布局完整

续表

	方案一	方案二	方案三
景观庭院	景观庭院缺乏	景观庭院面积太小，没有层次感	景观庭院空间主次鲜明

这三套方案都是在尊重圩塘村当地传统文化的前提下进行的建筑改造设计，其中尽可能多地保留原有建筑架构，恢复传统风貌，加以现代技术，丰富建筑功能空间，实现新旧结合的统一。通过对三套方案的分析对比，总结出需要注意的几点：

1. 新建部分不能太过独立，与传统建筑融合的同时也要具有代表性；

2. 建筑个体间要注意整体性，设计风格差距不可太大；

3. 圩塘村地形变化较大，要根据场地的地形地貌进行合理设计；

4. 功能分区上，不仅要有开放的观赏空间，还需要有小型的交流空间；

5. 设计过程中要结合周围景观，不能只针对建筑单体进行改造；

6. 庭院空间要有序列感，通过增设障景、框景、借景、竹林、花径等来丰富院落序列感。

第三节　项目总体设计与分析

利用对比分析法，对上面三个方案分析对比后，选取第三个方案进行局部调整，最后总结归纳最终设计方案。

一、村民活动中心设计方案与分析

结合周围生态环境与传统建筑，整个场地在设计上主要分为南北两个院落及东面的梯田景观。

（一）功能分析

村民活动中心设计功能分区主要分为八个区域：庭院过渡区、园林景观区、多功能活动区、文创工作区、娱乐区、展览区、阅览室、农作物梯田景观区。（图

7-36）

　　庭院过渡区，包括入口景观、入口庭院、序厅、中间庭院以及部分庭院景观，连接场地南北两个庭院。入口分为两进厅，第一序厅设有矮墙障景和植物小景。第二序厅为一过渡庭院，墙面装饰有屋塘村传统木雕工艺化，地面摆设植物盆栽。每道院门均为瓦面坡屋顶，入院道路留有三米宽，可供多股人流进出。采用多个序厅铺垫，给游客以循序渐进的观赏体验。

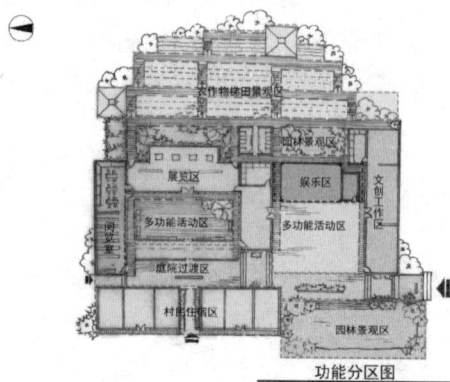

图 7-36　村民活动中心功能分区

　　园林景观区，包括入口处的池塘水景、场地中部的连廊园林以及连廊所围成的公共卫生间。池塘水景架有木栈道，栈道围绕池边树木而建，与树木穿插并行，不影响周围原有生态景观。场地中部连廊沿着建筑外部边缘排列分布，围成两个大小不一的院落景观。卫生间布置在两个院落景观中间，同时紧邻场地展览区，方便游客使用。

　　多功能活动区，包括两个主要区域。第一个位于入口处，紧挨娱乐区和文创工作区，可供平时村内举办集体活动、开会、观戏等使用，同时也可作为文创工作区的延伸空间。第二个位于北边院落内，由展览区、阅览室及玻璃廊道合围而成，一个开放式的活动空间，木栈道铺地，南北两端设有木制矮凳，东南角种植两棵景观树，丰富整个活动空间。该空间可作为小型沙龙或中小学生讨论学习交流区等。

　　文创工作区，为一"L"形建筑布局，原本为三开间带一侧厢房，后将西面墙体拆除，向西扩建一间，采用钢架结构进行加固，结合玻璃幕墙作为墙体，与原本的旧建筑形成鲜明对比。东面左侧为储藏室，储藏文创工作所需要的材料。

娱乐区，分为戏台和管理用房，管理用房平时可供化妆人员使用，也可用于存放道具。戏台屋顶为平屋顶、木架构，采用当地杉木作为建筑材料进行设计。管理用房为砖墙平屋顶，材料上也选择当地传统烧砖墙。

展览区，包含两栋建筑，也是整个场地的核心。其原有建筑具有200年以上历史，墙体保护较好，建筑结构清晰，为了加强其稳定性采用钢架进行加固，东面墙体部分拆除，向东扩建，换以玻璃幕墙，来增加建筑采光，丰富建筑空间，也使建筑与周围环境更加亲密。横向展区为固定展区，来展示庌塘村传统文化、历史发展、人文脉络等。纵向展区为临时展区，可供展示相关作品。

阅览室，阅览室布置在场地最北边，环境相对较安静，主要为当地村民提供读书学习的场所。室内保留原有砖墙，背面墙体开设玻璃窗，增加屋内采光及通风。

农作物梯田景观区，考虑到场地东面为丘陵地形，故将其设计成梯田景观，种植黄花菜、红薯等传统农作物，层层排列，再以连廊连接，中间分布两座亭台，供游客休息。

（二）交通分析

整个场地有三个入口，主入口、次入口及3级入口，分别位于场地的南边、西边及北边。图中红色虚线为主要人行流线，从主入口到两个庭院中心；蓝色虚线为次要人行流线，经过次入口、3级入口及场地的主要景观节点，作为游客游览的路线；3级人行流线主要为室内流线，贯穿文创工作区、展览区及阅览室。（图7-37）

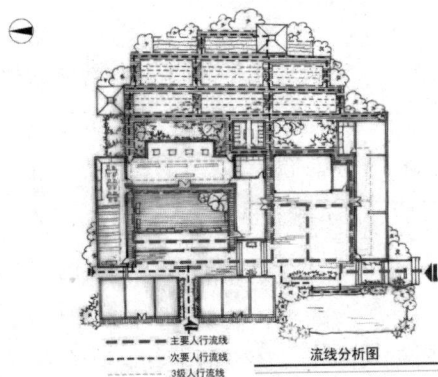

图7-37 村民活动中心交通分析

（三）景观分析

主要景观节点为场地入口水景和农作物梯田景观。次要景观节点为场地中间连廊所围成的园林景观和一些散落的院落小景。景观轴线南北三条、东西两条、东北西南一条。（图7-38）

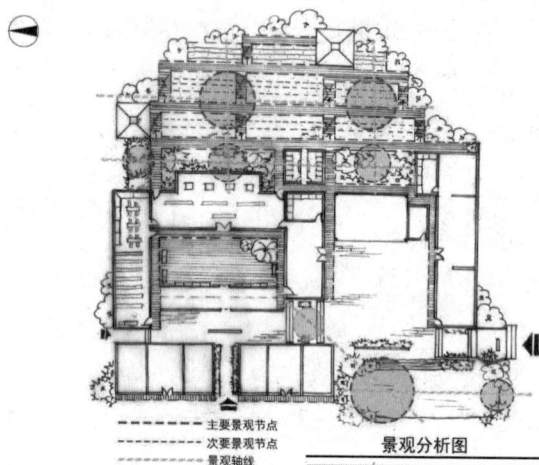

图 7-38　村民活动中心景观分析

二、民宿设计方案与分析

（一）功能分析

民宿改造设计功能分区主要分为九个区域：接待区、储藏区、主人住房区、庭院景观区、半开放就餐区、黄花菜摄影区、多功能活动区、茶室、客房区。（图7-39）

接待区，作为建筑面积最大的室内空间，位于场地入口处。在原有建筑基础上向南延伸出一处室内休息区、一处室外休息区。延伸部分一、二层通畅，采用轻钢架构加固，大面积玻璃幕墙装饰，户外休息区带玻璃顶。原有部分还是保留墙体，进行部分开窗，增加采光与通风。

储藏区，建筑结构上保留原有结构，室内开设一门，与接待区连通，仅供工作人员使用。

主人住房区，进深相对其他住房都大的房间，在东面开设一后门，可直通东面庭院小径，穿过小径，来到接待区。室内分布浴室、卧室及客厅，客厅与卧室中间采用砖墙隔开，不设门，开放式。

庭院景观区，包括入口园林、中心庭院及东面庭院小径。入口设计两道院门，均为灰瓦坡屋顶，院门与院门中间留有竹林曲径，带给游客一种曲径通幽的体验。进到内院，设置一矮墙障景来丰富空间层次感。中心庭院铺以石砖路，东面庭院小径采用石块铺道，再种以灌木植物，与石径相继排列，形成层次感丰富的庭院小景。

半开放就餐区，位于整个场地景观视线最佳的位置，既可看到近处黄花菜农田层层排列，又可看到远处杏湖山丛林环绕，采用半开放式结构，与自然环境亲密接触，也可满足晴天、雨天不同天气使用。建筑材料上选取钢结构与木结构，保证建筑坚固性的同时，颜色上与周围的环境协调共生。

黄花菜摄影区，此次民宿改造是以摄影为主题，就在于场地西面的大片黄花菜田。菜田中间设置曲形木栈道，入口开在民宿后院，西南角设有卫生间，方便游客使用。

多功能活动区，由四周连廊合围而成，木地板铺地，功能上可作为摄影爱好者的交流区、小型沙龙活动展览区等。沿边设置矮凳，供游客休息使用。

茶室，分为两栋，东面为主要建筑，西面为主要建筑的延伸。茶室四周装有连廊，可供游客喝茶时到户外观看周围风景。

客房区，客房共开设有九间，南面传统建筑二层分布三间，北面新建建筑分布六间，外观造型保留传统建筑元素，内部空间设置现代化的生活方式，让游客在体验乡村生活的同时也能使用到现代化的生活工具。

（二）交通分析

整个场地有两个入口，主入口、次入口，分别位于场地的前院和后院。场地内人行流线根据功能要求分为主要人行流线、次要人行流线及3级人行流线。图中红色虚线为主要人行流线，从主入口景观中间庭院到达内部庭院。蓝色为次要人行流线，一条从民宿后院通到摄影区的木栈道，另一条从中间庭院经过东面庭院小径、接待区，再到中间庭院，形成一个环形景观路线。3级人行流线为室内流线，经过接待区、储藏室、主人住房、茶室及客房区。（图7-40）

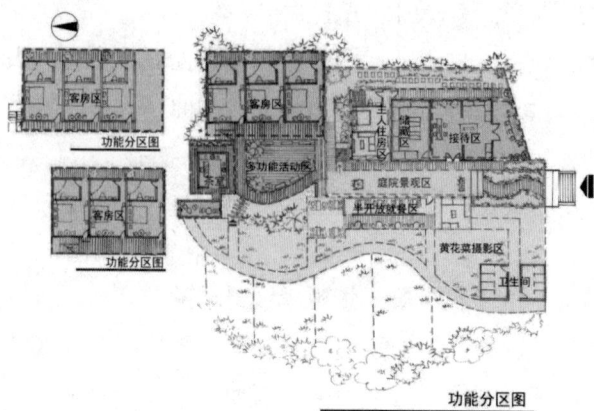

图 7-39　民宿功能分析

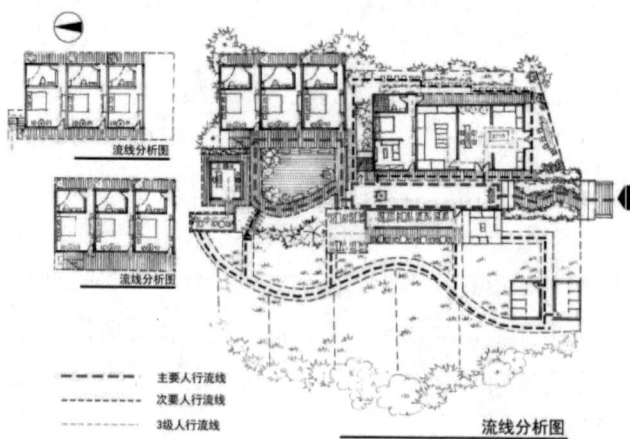

图 7-40　民宿交通分析

（三）景观分析

　　整个场地分为主要景观节点、次要景观节点及景观轴线。主要景观节点为黄花菜摄影区及入院的竹林景观。次要景观节点分布在院内不同庭院的角度处。景观轴线从院门到茶室分布一条，东面庭院小径分布一条，然后以摄影区为中心向茶室、院门不同方向各分布一条轴线。摄影区的景观视线层次感丰富，因此是场地中景观视线最佳观赏位置。（图 7-41）

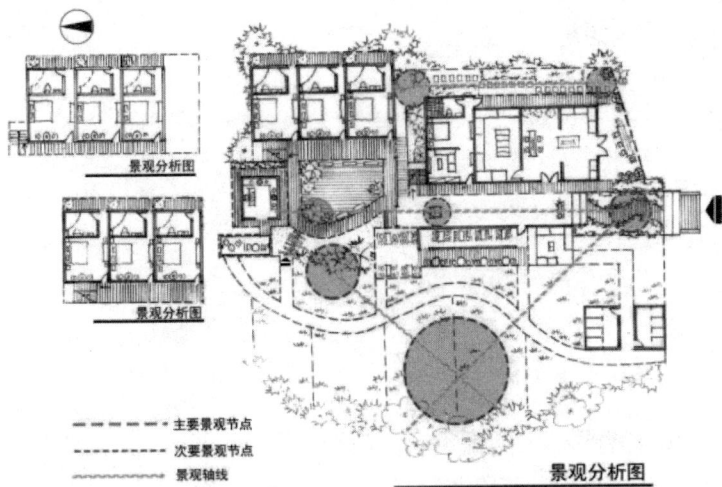

图 7-41　民宿交通分析

三、总体设计

（一）村民活动中心

1. 建筑设计

整个场地在空间序列上分为两个主要院落和一个农田庭院景观，设计上最大限度保留建筑原有结构，增设院门、序厅及过渡庭院，丰富场地的空间层次感及秩序感。建筑功能上充分考虑村民实际需求，植入新的建筑使用功能，例如：阅览室、展览室、多功能活动空间、文创手工艺区等。依照原有建筑结构，向外延伸一个玻璃体量，既可作为室内空间的扩充，又能更好地贴近周围自然环境。材料上，运用轻钢结构体系与大面积玻璃幕墙，结合原有建筑结构，维护建筑稳定性；并回收利用拆除下来的木材、砖石等材料，用于庭院部分景观矮墙制作。（图 7-42）

（1）村史馆、阅览室

村史馆、阅览室为一"U"形建筑，是整个场地的核心位置，从入口进入位于第二个院落区域。主要功能为展览和读书，建筑面积约 500 平方米。建筑整体保留原有形态，因原建筑室内昏暗，空间狭窄，所以在屋顶与墙体之间加入大面积玻璃幕墙，提供室内采光，部分墙体增设条形窗，引入光线的同时增加室内通风。打通二楼楼板，保持空间畅通。拆除村史馆东侧部分墙体，向东扩建3米。以此来增加室内展览空间。扩建部分采用玻璃与钢架结合，在形式上达到现代与传统的统一。

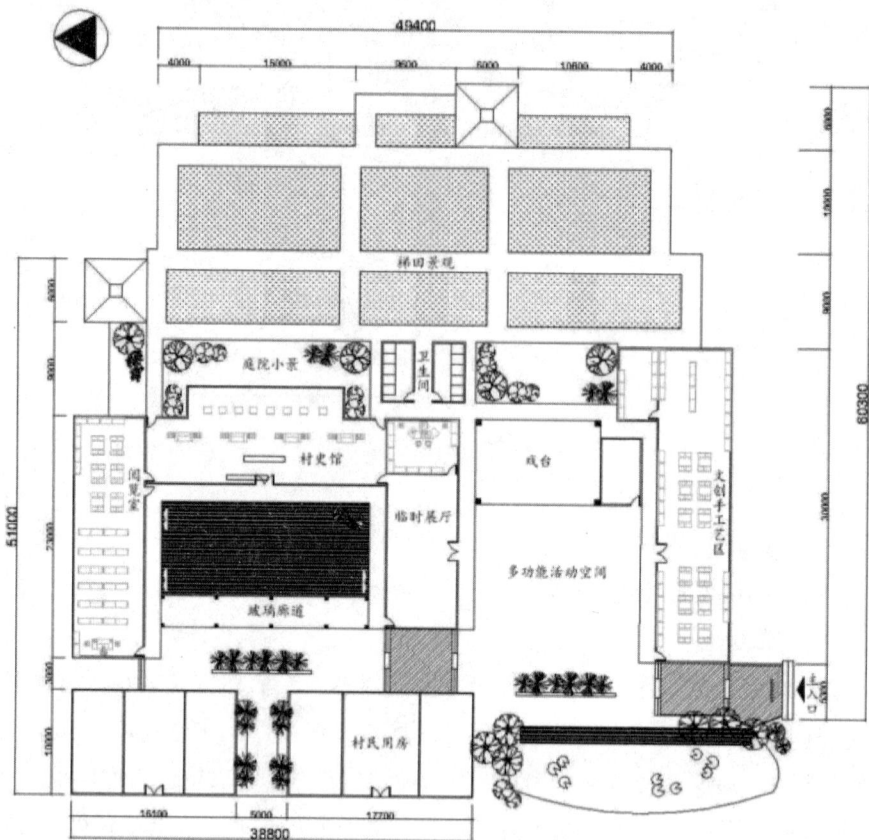

图7-42　村民活动中心平面布置图

（2）文创手工艺工作室

文创手工艺工作室为一"L"形建筑（如图7-43），从入口进入，位于第一个院落内。主要功能为制作学习屏塘村传统手工艺，如：木雕、石雕等，该功能空间的植入一方面可以开展村内文创产业，另一方面还可吸引游客驻足学习。建筑面积约240平方米，在建筑原有基础上向西侧延伸一个空间，依照原有形制，采用现代玻璃材料进行搭建。屋顶部分开窗，促进室内采光及通风的同时，也形成了天然的自然取景框。

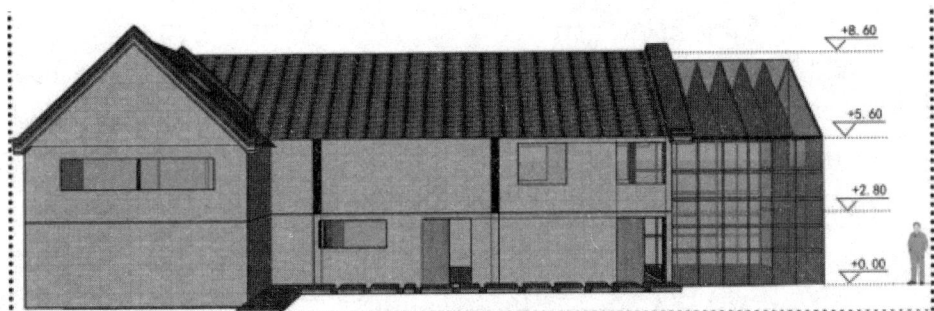

图 7-43　文创手工艺工作室立面标高图

（3）其他功能空间

戏台：长 12 米，宽 8 米，台基高 0.4 米，材料采用村内回收利用的烧土砖，屋顶采用玻璃顶，用钢架进行支撑。

卫生间：分为男女卫生间，可同时供 10 人使用。墙体采用烧土砖，屋顶采用玻璃顶，白天引进自然光，绿色节能，还可自然通风。

玻璃连廊：作为公共活动区域，连接阅览室和临时展厅，围成一个四合院空间，材料上的运用形成了新旧传统的鲜明对比，同时玻璃材质也不阻隔建筑与远处的自然景观相呼应。

亭台：场地布置两座亭台，供游客休憩使用。

2. 周围景观设计

景观上的设计从院门处开始，依次为院门、序厅、院落、水景、过渡空间、庭院小景、梯田景观，节奏上犹如一幅画卷，徐徐打开，给游客带来不同的景观体验。设计上尊重场地现有的自然资源，如植被、地形等，依势而造，形成丰富的院落空间，西低东高，西侧为主要建筑，东侧为庭院景观。

（1）框景、障景

场地中设计多处框景与障景，框景采用圆形，将远处的景观框入其中，形成一幅天然的画卷。障景多采用烧土砖搭建的矮墙，高 1.5 米，对场地其他部分进行部分遮挡，若隐若现，丰富场地竖向空间层次感。

（2）园林小景

园林小景保留了原有场地的植物，周围采用连廊合围，形成一个小型的自然景观。植物以樟树、竹子、枫树为主，附带一些灌木植被。

（3）梯田景观

考虑到场地东面为丘陵地形，因地制宜，将其设计成梯田景观，种植黄花菜等农作物，呼应场地西面的大片农田，同时还可为文创手工艺学习者提供学习参考的场所。

（4）水景

原有场地水景为一小型池塘，池内水质浑浊，不具观赏性。在进行现场调研后，将其改造成入院水景，位于场地西南边，主入口处，景观视线最佳。水景紧靠院内一侧为一片竹林，设计时保留原有植物，布置木栈道，竹子从木栈道中穿过向上生长，与木栈道共成一景。（图7-44）

图7-44　水景效果图

（二）民宿改造

1. 建筑设计

由于场地两面朝山，两面朝田，自然景观丰富，在进行功能布局时，为了最大化保留场地资源，创造最佳的景观视线，建筑采用分散式布局，依照场地地形地貌排列分布。主体建筑为两栋，一栋为传统建筑改造，一栋为新建建筑。原有老建筑空间布置简单，功能缺失，无法满足现代化的生活需求，在对建筑质量进行初步评定后，将存在安全隐患的部分拆除，质量较好的部分保留并修缮加固。旧建筑原有二层楼板为木制板，年久失修，不能承重，遂拆除。同时将原有建筑屋面整体抬高，高度合理分配至上、下两层，为室内设备安装预留空间，同时创造舒适的居住体验。（图7-45）

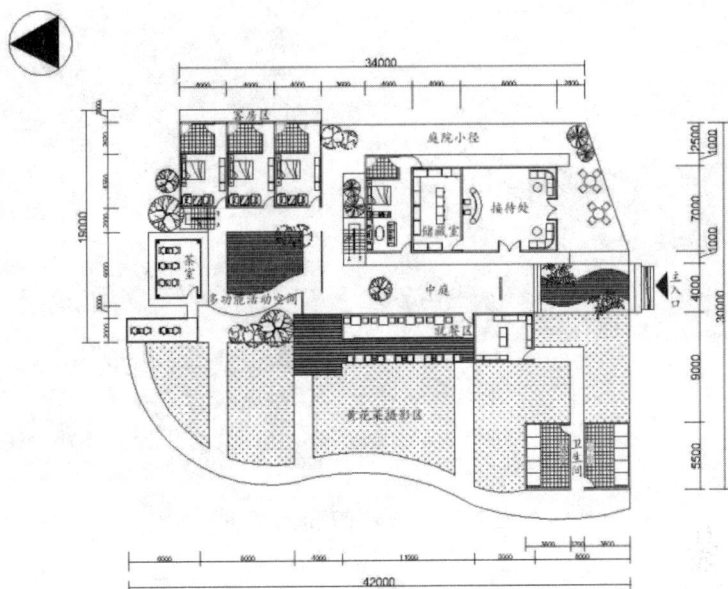

图 7-45　民宿改造平面布置图

（1）旧建筑改造

原有旧建筑为典型"三连间"式，分为上、下两层，室内空间昏暗逼仄。为了扩大建筑空间，设计时将建筑南面墙体拆除，嵌入玻璃体块，一是加大室内活动空间，二是将自然光线引入室内，提高室内空间的采光。玻璃体块南侧的平台也与民宿外院墙体形成一个小型院落空间，置入桌椅，供游客休憩闲谈。（图 7-46）

（2）半开放就餐区

半开放就餐区为新建建筑，设计时考虑到该区域位于场地的中心位置、主体建筑与主要景观之间，遂将其定位为半开放性建筑。临近建筑一侧为封闭式区域，临近农田一侧为开放式区域，模糊建筑边界。建筑面积 80 平方米，包含厨房、室内就餐区、室外就餐区及咖啡区。材料上选用玻璃幕墙及轻钢架构，地板沿用犀塘村传统木制材料，避免外形突兀，在与周围乡村景观适宜的同时兼顾现代性。（图 7-47）

图 7-46　旧建筑改造效果图

图 7-47　半开放就餐区效果图

（3）茶室

茶室位于场地最深处，紧靠杏湖山脉，环境安静闲适。建筑面积仅 25 平方米，分为两间，一间为主要茶室，另一间为主体建筑的延伸。主体茶室由玻璃幕墙合围而成，四周布置 1 米宽沿廊，让游客在品茶的同时也能欣赏周围自然景观。延伸部分为半开放空间，可供 4～8 人同时用茶。

（4）其他功能空间

在场地西南边增设公共卫生间，紧挨摄影区及就餐区，可同时供 10 人使用。墙体选用青砖搭建，顶部依然玻璃覆盖，增加自然采光。

2. 周围景观设计

场地地处杏湖山脚下、峡谷之间，周围自然景观资源丰富，设计时不应让自然来满足设计，而应该让设计融入到自然中。

（1）入院小景

从入口进入，映入眼帘的即一条 4 米宽的竹林小径，采用"框景"的手法，将院内景观引入其中。左右墙体有不同大小尺寸的开窗，最大限度地将周围自然景观带到小景里，让游客的视线所到之处都有景可看。入院小景的设计犹如古画卷轴的序幕，为后面庭院的豁然开朗进行铺垫。

（2）黄花菜摄影区

摄影区是场地的主要景观节点，也是为摄影爱好者专门打造的摄影平台。场地向北是云雾缭绕的杏湖山，向南是层层密布的水稻田，脚下则排列分布着大面积的黄花菜田。菜田中间穿插弧形木栈道，1.6 米宽，可供两股人流经过，视线上既不阻碍农田美景，木质的天然属性又与周围景观交相辉映。

（3）庭院小景

庭院小景为场地的次要节点，分布在院落的角落处，通过对角落的趣味性打造，部分设计成多功能活动空间，部分设计成庭院小径，所到之处，处处有景，形成丰富的院落空间。

第八章　建筑改造设计总结与评价

第一节　项目设计创新点与总结

此次乡村建筑改造设计是在"乡村振兴"战略的背景下，根据祁东县庹塘村上位规划要求，参考优秀案例，分析历年乡村建筑改造方法与策略，结合实地调研分析，总结出本次设计的研究方法及技术。

本项目设计的创新点主要可分为以下四点：

其一，将理论研究与实践相结合，提出庹塘村传统建筑保护与有机更新策略，处理好传统建筑资源的保护与发掘，形态上的完整与和谐，功能上的传承与利用，风貌上的修复与优化，实施上的合理与高效，致力于让传统建筑空间更好地为村民生产生活服务，为游客提供舒适的乡村生活体验，从而实现庹塘村的全面振兴。

其二，在设计过程中，充分考虑到乡村现代化的需求，不能一味保留传统元素，而要根据场地实际情况，将现代化的生活方式融入到乡村传统建筑里，在建筑造型上延续传统乡村脉络。

其三，具体设计中采用串联式布局及分散式布局的方法，根据场地地貌特征，顺应场地地形及周围环境进行建筑布局，使建筑融入到乡村中，与周围环境协调共生。景观设计上运用传统的障景、对景、框景、挡景等造园手法，丰富庭院空间序列，以营造一种曲径通幽的氛围，像一幅画卷，徐徐打开。

其四，功能布局上充分考虑场地周围自然环境，结合场地地形地貌进行改造设计。例如：村民活动中心背面原为丘陵地形，遂将其改造为梯田园林景观，与正面农田呼应；民宿场地正面为黄花菜田，考虑到黄花菜田的观光价值，遂将其改造为黄花菜摄影区，增加游客的体验性。

第二节 项目设计反思与展望

一、项目设计中存在问题的总结与反思

1. 在村民活动中心方案中，场地西边的两栋村民住所未能充分融入到设计中来，仅仅只在建筑外形上进行改造来达到与周围建筑的协调，浪费了其功能空间上的作用价值，若合理布局、妥善利用该空间将会给村民活动中心带来更好的使用体验。

2. 在整体的建筑空间布局上，设计稍显拘谨，缺少灵活性。例如：民宿场地新建客房部分，完全按照原有老旧建筑格局进行设计，仅在材料上与现代技术进行融合，空间方面未能充分挖掘其使用价值，缺少创新性、灵活性。

二、基于此方案对乡村建筑改造设计的反思与展望

1. 在乡村建筑改造设计中，不能单独仅对建筑部分进行改造，而是要与周围景观结合，将周围景观也纳入到改造设计中。在此次设计初期，重点全部放在建筑改造上，忽视了周围景观环境，从而设计出的方案不能落地且缺乏存在的意义。设计上，建筑与景观是紧密相连的，不可分开而行。

2. 在乡村改造设计中要先了解国家宏观背景以及场地上位规划的要求，不能一味按照自己想法进行设计而忽视了村民真正需求。

希望以上提出的创新性设计与方法能够为今后的乡村建筑改造设计乃至其他领域提供理论依据和案例参考，也为中国传统村落实现全面振兴尽一份责任。

参考文献

［1］郭璐.邯郸市丛台区美丽乡村建设中的设计与实施技术研究［D］.邯郸：河北工程大学，2017.

［2］易丰，郭满女."美丽乡村"特色建设路径选择：发展乡村生态旅游——以桂林鲁家村为例［J］.梧州学院学报，2016（2）：1-4.

［3］刘锐，孟丽丽.城乡一体化背景下的乡村规划探讨——以天津市津南区"美丽乡村"规划为例［A］// 新常态：传承与变革——2015 中国城市规划年会论文集（14 乡村规划），2015.

［4］建设富有河北特色的美丽乡村——五论贯彻落实新型城镇化与城乡统筹示范区建设专题研讨班会议精神［N］.河北日报，2015-10-11（1）.

［5］陈岩.基于功能需求的梅州长沙镇传统民居改造研究［D］.广州：华南理工大学，2019.

［6］张枫.建筑适应性设计释意及核心理论研究进展［J］.住宅科技，2018（3）：37-42.

［7］DOUGLAS J.Building adaptation［M］.3rd ed. New York: Spon Press，2011.

［8］牛俊.建筑的适应性［J］.美与时代（城市版），2014（9）：9.

［9］王建国.回归建筑本质，解析建筑适应性——王建国院士访谈［J］.城市建筑，2017（19）：14-16.

［10］郎启贵.建设项目可持续性后评价指标体系和方法研究［D］.重庆：重庆大学，2006.

［11］李迎丹，郭华宇.乡村废弃建筑改造研究——以村镇活动中心为例［J］.美与时代（城市版），2017（10）：55-56.

［12］刘洁莹.新型城镇化背景下中国乡村公共建筑渐进式更新策略研究［D］.南京：东南大学，2016.

［13］陈曦，韩雪.美丽乡村建设背景下的传统村落再设计——以威海市泽库镇港南村为例［J］.工程建设，2019（10）：24-29.

［14］楚东晓，于悦.地域视角下特色小镇设计——以西宁市湟源县日月乡为例［J］.工程建设，2019（8）：33-37.

［15］张群，成辉，梁锐，等.乡村建筑更新的理论研究与实践［J］.新建筑，2015（1）：28-31.

［16］薛恺强，文剑钢.中部地区传统乡村重构中的建筑改造思路［J］.苏州科技学院学报（工程技术版），2016（3）：41-47.

［17］杨光辉.我国乡村生态旅游发展中的政府行为研究［J］.中国农业资源与区划，2016（6）：213-217.

［18］张亮.乡村旅游开发中的广西涠洲岛乡土建筑改造研究与实践［D］.杭州：浙江大学，2015.

［19］刘松.休闲旅游的理论研究及实证分析［D］.沈阳：沈阳师范大学，2008.

［20］黄华芝.基于全域旅游视角的兴义市乡村旅游发展探讨［J］.兴义民族师范学院学报，2015（3）：27-30.

［21］董亚辉.休闲度假型美丽乡村规划开发研究——以娲皇谷生态民俗村为例［D］.新乡：河南师范大学，2017.

［22］邓成甫.湖南衡阳地区新农村住宅居住环境改善研究［D］.重庆：重庆大学，2010.

［23］孙俊桥.走向新文脉主义［D］.重庆：重庆大学，2011.

［24］李颖.乡村生态旅游景观改造设计研究——丹凤县万湾村为例［D］.西安：西安建筑科技大学，2015.

［25］千一.日本最美小村：旅游规划借鉴［J］.宁波经济（财经观点），2015（11），46-47.

［26］卞铭尧.城市公共空间与公共交通互动设计策略研究［D］.南京：南京工业大学，2016.

［27］王亮.浅谈室内设计中的装饰风格——中式风格［D］.广州：华南师范大学，2015.

［28］詹和平.空间［M］.南京：东南大学出版社，2006.

［29］张艳锋，陈伯超，张明皓.旧建筑的改造性再利用——一种再生的

设计开发模式［J］.天津城市建设学院学报，2003（2）：117–120；137.

［30］徐强.玻璃在旧建筑改造和更新中的应用［J］.世界建筑，2006（5）：40–43.

［31］黄荣荣.生态语境下旧建筑改造的美学价值［J］.华中建筑，2009（8）：200–203.

［32］李智.现代材料在旧建筑改造中的表现特性［J］.建筑与文化，2012（8）：56–59.

［33］杨立彬.旧建筑改造与再利用案例的分析［J］.山西建筑，2009（20）：15–16.

［34］吴必虎.旅游规划原理［M］.福州：中国旅游出版社，2010.

［35］诺伯舒兹.场所精神——迈向建筑现象学［M］.施植明，译.武汉：华中科技大学出版社.2010.

［36］彼得·卒姆托.建筑氛围［M］.张宇，译.北京：中国建筑工业出版社.2010.

［37］姜慧.材料在旧建筑改造中的修复及使用［D］.青岛：青岛理工大学，2013

［38］张晓春，李翔宁.我们的乡村，关于2018威尼斯建筑双年展中国国家馆的思考［J］.时代建筑，2018（5）：76–83.

［39］黄华青，周凌.乡村振兴语境下的建筑设计下乡路径第一届南京大学乡村振兴论坛综述［J］.时代建筑，2019（4）：144–147.

［40］徐航，朱铨.旅游型美丽乡村建设研究综述［J］.建筑与文化，2017（11）：79–81.

［41］李晓峰.乡土建筑保护与更新模式的分析与反思［J］.建筑学报，2005（7）：8–10.

［42］潘曦.多学科视野：西方乡土建筑研究理论浅析［J］.南方建筑，2014（1）：82–85.

［43］杨雯琼.以观光体验型乡村振兴为目标的乡村建筑改造设计研究［D］.北京：北京建筑大学，2019.

［44］陈茹.基于"语境–文本"理论视野的长江中游传统聚落及乡村公共建筑研究［D］.武汉：华中科技大学，2018.

［45］姜雷.城镇化背景下乡村公共建筑营建策略解析［J］.建筑与文化，

2018（1）：123–124.

［46］张枫.建筑适应性设计释意及核心理论研究进展［J］.住宅科技，2018（3）：37–42.

［47］梁晓波.旧建筑的适应性再利用及其评价要素研究［D］.合肥：合肥工业大学，2010.

［48］张瑶.乡村传统产业建筑改造设计研究［D］.成都：西南交通大学，2016.

［49］许亦农.审视过去，走向未来：建筑适应性再利用杂记［J］.世界建筑，2009（3）：78–88.

［50］王扬，叶伟华.整体优化，动态适应——建筑适应性设计意义解析［J］.世界建筑，2002（11）：60–62.

［51］郎启贵.建设项目可持续性后评价指标体系和方法研究［D］.重庆：重庆大学，2006.

［52］李迎丹，郭华宇.乡村废弃建筑改造研究——以村镇活动中心为例［J］.美与时代（城市版），2017（10）：55–56.

［53］江登峰.历史文化名镇名村之十五，走进上坪［J］.政协天地，2010（6）：60–62.

［54］何崴.关于乡村建筑设计的几点心得——从福建建宁县《上坪古村复兴计划》谈起［J］.建筑学报，2018（12）：28–36.

［55］何崴.激活古村，以建筑为触媒——福建建宁县上坪古村复兴计划记事［J］.建筑技艺，2018（5）：48–57.

［56］何崴，金伟琦.巧借与体宜，乡村美学堂与琴舍［J］.设计，2019（6）：14–19.

［57］金伟琦.破茧重生，从自建房到白石酒吧［J］.设计，2019（4）：16–19.

［58］马勇，张梦，余楚凤.生态优先，绿色发展：乡村振兴的愿景、逻辑与路径——湖北大学博士生导师马勇教授访谈［J］.社会科学家，2019（3）：3–7.

［59］彭一刚.建筑空间组合论［M］.北京：中国建筑工业出版社，2008

［60］徐甜甜.平田农耕馆和手工作坊［J］.时代建筑，2016（2）：114–121.

［61］何崴.爷爷家青年旅社设计随想［J］.城市环境设计，2016（6）：434-439.

［62］张雷.桐庐莪山畲族乡先锋云夕图书馆，浙江，中国［J］.世界建筑，2017（3）：101.

［63］肯尼思·弗兰姆普敦.建构文化研究［M］.王骏阳，译.北京：中国建筑工业出版社，2007.

［64］史永高.材料呈现：19和20世纪西方建筑中材料的建造 – 空间双重性研究［M］.南京：东南大学出版社，2008.

［65］周曦.土材肌理与乡土文化意境营造研究［D］.长沙：湖南大学，2013.

［66］孙培真，徐怡芳.南方传统木构技艺的活化应用——松阳县平田村废弃农宅改造项目记［J］.建筑技艺，2017（5）：122-123.

［67］于晓彤.当代建筑师的中国乡土营建实践研究［D］.南京：南京大学，2017.

［68］李道德.牛背山志愿者之家［J］.建筑学报，2015（5）：68-74.

［69］史洋，黎少君.黄土上的院子［J］.城市建筑，2017（19）68-73.

［70］郑静云.传统民居微更新江西夏虫咖啡屋的设计思考［J］.时代建筑，2019（16）：118-121.